Dia Mbwangi Diafwila

*LE DIEU DE L'ALLIANCE*

Dia Mbwangi Diafwila

# *LE DIEU DE L'ALLIANCE*

## *DE LA BERIYTH À LA DIATHEKE*

Éditions Croix du Salut

Cover image: www.ingimage.com

Publisher:
Éditions Croix du Salut
is a trademark of
Dodo Books Indian Ocean Ltd., member of the OmniScriptum S.R.L Publishing group
str. A.Russo 15, of. 61, Chisinau-2068, Republic of Moldova Europe
Printed at: see last page
**ISBN: 978-620-3-84161-9**

# LE DIEU DE L'ALLIANCE

## DE LA BERIYTH À LA DIATHEKE

PAR DIA MBWANGI DIAFWILA

Ph.D., MA.Th., MA.Miss., MA. Edu.Cons.

# DÉDICACE

Nous dédions cette publication à tous les membres de notre église locale qui aiment partager avec nous le témoignage de Jésus-Christ dans l'écoute de la Bible et l'adoration. Les membres de notre conseil de l'Église forment une armée solide attachée au Seigneur Dieu et totalement consacrée au service du Roi des rois. À travers vous, je réalise comment apprendre à marcher dans la foi, l'espérance et l'amour du Père, dans un monde de plus en plus infidèle, sans espérance et sans amour. Vous faites tous partie de la famille du Dieu de l'alliance qui par le sang de Jésus-Christ nous a totalement rachetés et réconciliés avec lui-même. Nous remercions très sincèrement notre bien-aimé frère Michel Lafleur qui, malgré ses nombreuses occupations, s'est donné le temps et la peine de lire et corriger notre manuscrit. Quelle bénédiction de servir avec lui au sein du sacerdoce royal établi par le Seigneur Jésus-Christ!

Entonnons ensemble ce cantique de louange que Jean apprit auprès du Seigneur Jésus quand il fit ravi en Esprit à l'île de Patmos: « **A celui qui nous aime, qui nous a délivrés de nos péchés par son sang, et qui a fait de nous un royaume, des sacrificateurs pour Dieu son Père, à lui soient la gloire et la puissance, aux siècles des siècles! Amen!** »

# LE DIEU DE L'ALLIANCE

## INTRODUCTION

# INTRODUCTION

Le Dieu Créateur est très méthodique et systématique. Il a tout conçu et planifié selon sa volonté pour établir son règne éternel dans tout l'univers. Rien ne se produit dans l'histoire humaine et dans l'univers par accident. Sa création ne résulte pas d'un accident ou d'une explosion cosmique. Elle est le résultat des actions bien planifiées et accomplies parfaitement par la puissance de son Esprit.

**Tout l'univers et tous les êtres vivants sont gouvernés par Dieu**. Il gouverne le monde entier par son alliance, comme les êtres humains gouvernent leurs nations et les relations entre les nations par des alliances, des traités, des contrats, des pactes, des constitutions, des lois. Dans la Bible, nous découvrons le Dieu de l'alliance; le Dieu qui prend lui-même l'initiative de s'unir aux êtres humains et à tous les êtres vivants pour établir son royaume d'amour, de joie et de paix.

L'alliance de Dieu s'accomplit en cinq phases dont chacune est une alliance en soi. Chacune de ces cinq phases forment avec les quatre autres une seule et même alliance, pleinement réalisée par l'incarnation, la mort et la résurrection du Messie du monde entier.

La première phase est l'alliance cosmique universelle avec Noé, dont le signe est placé dans la nue. C'est l'alliance de Dieu avec tous les êtres vivants sur cette terre et dans les airs. Selon Genèse 9, aucun être vivant n'est exclu de cette alliance de Dieu. Le signe de cette alliance est l'arc de Dieu placé dans la nue. C'est un signe cosmique, astronomique.

La seconde phase est l'alliance historique et corporelle avec Abraham, dont le signe, selon Genèse 17, est gravé de manière indélébile dans tout mâle. C'est l'alliance de la circoncision, transformant le corps de chaque circoncis en véritable temple de Dieu. La deuxième phase de l'alliance de Dieu touche au corps humain et constitue une marque spéciale du peuple élu.

La troisième phase est l'alliance de feu, l'alliance de la loi donnée à Moïse et aux douze tribus d'Israël à travers la fumée de la gloire de Dieu au mont

Sinaï. Selon Exode 19 à 34, cette alliance fut scellée par le sang que Moïse répandit sur le peuple de Dieu. Le résultat concret est la création de la nation d'Israël dont le peuple descend d'Abraham, d'Isaac et de Jacob, porteurs de l'alliance de la circoncision scellée par Dieu, avec la promesse du don de la terre de Canaan à toute la descendance d'Abraham. Les dix paroles gardées soigneusement dans l'arche de l'alliance constituent le signe légal de cette alliance. Le décalogue fait partie de la Torah, fondement de la Bible d'Israël. Le Tanakh est formé à partir de l'initiale du titre de ses trois parties constitutives, soit la Torah ou la loi, le Nevi'im ou les Prophètes et le Ketouvim ou les autres Écrits ou Hagiographes.

La quatrième est l'alliance prophétique royale avec David, assurant l'avènement du royaume millénaire que dirigera le Christ sur toute la terre à partir de la cité de David. Nous retrouvons les termes poétiques de cette alliance au Psaume 89:4-5. Dieu établit le lignage de David sur le trône royal pour toutes les générations. Ce décret divin s'accomplira pleinement pendant le règne millénaire du Lion de la tribu de Juda. Tout le Psaume 89 est une confirmation historique de l'alliance royale de Dieu avec David.

La cinquième phase est le passage de la BERIYTH à la DIATHEKE, la nouvelle alliance par le sang de Jésus-Christ. En effet, le sang de l'Agneau de Dieu rétablit pleinement l'image de Dieu détruite en nous par le péché originel. Les paroles vivifiantes que le Jésus de l'histoire prononça pendant le dernier repas pascal sur cette terre reflètent celles déclarées par Moïse lors de la proclamation de l'alliance de Dieu à Sinaï: Exode 24:8 « Moïse prit le sang, et il le répandit sur le peuple, en disant: Voici le sang de l'alliance que l'Éternel a faite avec vous selon toutes ces paroles.» Matthieu 26:27-28 « Il prit ensuite une coupe; et, après avoir rendu grâces , il la leur donna, en disant: Buvez-en tous; car ceci est mon sang, le sang de l'alliance, qui est répandu pour beaucoup, pour le pardon des péchés.»

L'étude de chacune de ces cinq alliances historiques et formelles de Dieu nous donne de comprendre ce qui se passe en nous quand nous sommes en Christ. Car naître de nouveau, naître d'eau et d'Esprit, c'est entrer totalement dans une relation intime avec le Père par le sang de la nouvelle alliance. Et cette union nous ouvre au baptême et à la plénitude du Saint-Esprit.

Le Dieu de la Bible, le Créateur de tout l'univers et de l'être humain, le Dieu d'Ève et d'Adam, de Seth et d'Enoch, de Noé, Sem, Cham et Japhet, d'Abraham, d'Isaac et de Jacob, du roi David et d'Israël, du monde entier et de toutes les nations, le Dieu des chérubins, des séraphins, des archanges et des anges, des trônes, des dominations, des puissances et des autorités, le Père de notre Seigneur Jésus le Messie et le Seigneur de tout l'univers, est le Dieu de l'alliance.

Il gouverne l'humanité par son alliance. Mais que signifie ce mot « BERIYTH » dans la Bible hébraïque, ce livre qui nous dévoile les secrets de Dieu, sa sagesse et sa science? Nous répondrons à cette question en examinant les cinq alliances principales de Dieu. Nous invitons nos lecteurs à comprendre l'alliance de Dieu, selon la pensée de Dieu, et non selon les différentes conceptions humaines de ce phénomène historique. Car Dieu fit son alliance avant même que les humains n'entreprennent de signer des alliances de paix entre eux. Nous retrouvons des exemples de ces alliances humaines dans la Bible[1]. La BERIYTH de l'Éternel est un phénomène très particulier.

Pour comprendre la signification spirituelle et profonde de ce phénomène, nous devons le placer dans son contexte à la fois historique et spirituel, le contexte de l'histoire de la révélation de Dieu aux êtres humains pour les intégrer totalement dans son économie du salut en Jésus-Christ.

---

1 Genèse 14:13 Abram fit une alliance avec les Amoréens; Genèse 21:27 Abraham fit alliance avec Abimélec à Beer-Schéba; Genèse 26:26-31 Isaac fit alliance avec Abimélec. Ces quelques alliances humaines furent contractées sous l'inspiration de l'alliance de Dieu avec ces élus. La présente recherche biblique est totalement concentrée sur les cinq alliances de Dieu pleinement réalisées dans la personne historique de Jésus le Christ, par sa mort et sa résurrection.

## LA PREMIÈRE RÉVÉLATION DE DIEU

La première révélation de Dieu n'est ni son alliance avec ses créatures, ni la création du peuple choisi ou la libération d'Israël de l'Égypte et son entrée à Canaan. La première révélation de Dieu à toute l'humanité, telle qu'exposée succinctement dans les deux premiers chapitres de Genèse, est la révélation de Dieu lui-même en tant qu'Elohim, Créateur des cieux et de la terre, à Moïse. Celui-ci reçut cette première révélation de « Je Suis » qui l'appela à travers le buisson ardent, lui parla en Madian, puis pendant quarante ans lors de sa marche dans le désert avec les « Béni Israël ».

Avant de confier à Moïse le mandat de libérer Israël du joug de l'Égypte, conformément à son alliance avec Abraham, Isaac et Jacob, Dieu prit soin de lui donner sa révélation en tant que Dieu Créateur de tout l'univers, ELOHIM. Ce nom suffisait pour démontrer à Moïse que le Dieu d'Abraham, d'Isaac et de Jacob, Israël, est le Dieu des dieux, le Seigneur et Propriétaire de tout l'univers. Il est au-dessus de tous les dieux et de tous les esprits. Il prit Moïse à part et commença à lui révéler l'origine de ce monde dans lequel il l'appelait à conduire son peuple.

C'est dans ce même cadre cosmique que Dieu se révéla comme le Dieu de l'alliance à Noé. Il faut partir de sa création pour comprendre la signification profonde de sa première alliance historique avec toutes ses créatures.

**Genèse 1:1 Au commencement, Dieu créa les cieux et la terre. 2 La terre était informe et vide : il y avait des ténèbres à la surface de l'abîme, et l'esprit de Dieu se mouvait au-dessus des eaux.**

Au commencement Dieu créa le ciel et la terre. Telle est la première révélation biblique, la première vérité théologique formulée dans la toute première phrase inspirée. Le monde dans lequel nous vivons aujourd'hui vient de Dieu. Il en est le Créateur. Et au commencement, il créa le ciel et la terre, le cosmos. Puis il fit l'homme et la femme à son image et à sa ressemblance, et lui donna la domination et la gestion de toute la terre.

Les deux premiers chapitres du premier livre de la Bible se termine sur une note merveilleuse. Tout ce que Dieu créa était bon et béni. L'homme béni par Dieu reçut le pouvoir de gouverner et de gérer toute la terre. Au troisième chapitre de la Genèse tout change pour le pire. Image de Dieu, l'être humain vivait en communion profonde avec son Créateur jusqu'au jour où Ève écouta la voix du serpent ancien, remit en question le commandement de son créateur, consomma le fruit de l'arbre de la connaissance du bien et du mal et le donna à son mari qui n'hésita pas de le manger à son tour. Après la transgression de l'interdit de Dieu concernant l'arbre de la connaissance du bien et du mal, Ève et Adam perdirent leur identité humaine et leur communion avec Dieu. Ils devinrent étrangers à eux-mêmes. Devenus conscients de leur nudité, ils furent envahis de honte, de culpabilité et de peur. Ils fuirent la lumière de Dieu et cherchèrent à se cacher dans les ténèbres. Mais Dieu ne pouvait supporter cette chute libre de ces êtres créés à son image et à sa ressemblance. Car, dans son plan parfait, il créa l'être humain comme son vis-à-vis, son autre semblable à lui, sa propre image. Il ne pouvait supporter de le voir vivre loin de lui en mourant à petit feu. La connaissance du bien et du mal plongea Adam et Ève dans la confusion la plus totale concernant leur propre identité et le sens de leur être dans ce monde. Aveuglés par la confusion de cette connaissance occulte, le premier homme et la première femme cherchèrent à tout prix à se cacher loin de la face lumineuse de Dieu. Ils choisirent de vivre désormais dans la solitude. Ils se croyaient perdus pour toujours et risquaient de manger le fruit de l'arbre de vie pour vivre éternellement loin de Dieu. Dieu vint lui-même en personne les chercher dans le Jardin d'Eden et dit à Adam: Où es-tu? La réponse d'Adam à cette question fut très décevante. La voix de son Créateur lui faisait peur. Il était tout nu et ne pouvait supporter sa nudité. Il s'était totalement éloigné de Dieu, de son amour et de sa paix. Adam n'était plus lui-même. Sachant qu'Adam et Ève couraient le risque de se perdre éternellement, le Dieu d'amour prit soin de les éloigner du Jardin d'Eden, les empêchant de prendre de l'arbre de la vie, d'en manger, et de vivre éternellement dans le mal, la malédiction et la mort éternelle. Le plan du salut fut mis en action pour tous les êtres humains.

Chassés du Jardin d'Eden, Adam et Ève expérimentèrent le grand vide spirituel dans leurs cœurs, en rupture totale avec la source de vie et de paix. Dépouillés de leur aura, ils commencèrent à vivre dans la peur. Dieu mit à l'orient du jardin d'Éden les chérubins agitant une épée flamboyante pour garder le chemin de l'arbre de vie. Adam et Ève étaient désormais séparés de Dieu. Leurs descendants ne pouvaient naturellement vivre en communion avec leur Créateur, car ils naissaient désormais avec le péché originel. Leur chair était génétiquement corrompue par la connaissance du bien et du mal.

Le quatrième chapitre de Genèse commence par la conception et la naissance des deux premiers enfants d'Adam et Ève, Caïn et Abel. Abel devint berger, et Caïn fut laboureur. Un jour les deux jeunes gens se décidèrent de faire chacun une offrande à l'Éternel. Caïn lui offrit des fruits de la terre, tandis qu'Abel présenta de son côté une offrande des premiers-nés de son troupeau avec leur graisse. Comment apprit-il qu'il fallait offrir du sang à Dieu pour l'adorer? La Bible n'offre qu'une seule piste de réponse à cette question. Dans Genèse 3:21, le Saint-Esprit nous dit: «L'Éternel Dieu fit à Adam et à sa femme des habits de peau, et il les en revêtit.» Ce fut la première fois qu'un animal fut tué pour sauver les deux êtres humains de leur nudité. N'était-ce pas un signe que désormais le seul moyen de notre salut sera le sang innocent? Poursuivons le récit de Caïn et Abel, dont les noms signifient « javelot » pour le premier, et « buée ou souffle » pour le second. Le javelot pour chasser et tuer les êtres vivants et le souffle de vie devinrent désormais les deux grands symboles de l'histoire de la violence naturelle des êtres humains. L'Éternel agréa l'offrande d'Abel et rejeta celle de Caïn. Ce dernier devint tellement furieux qu'il résolut de tuer son frère. Dieu tenta de le dissuader, mais ne pouvant contrôler sa colère et dominer sa jalousie, Caïn attaqua verbalement son frère Abel, puis se jeta sur lui et le tua. Ce fut le tout premier meurtre sur toute la terre, un parricide. Le péché originel commença à répandre ses méfaits parmi les êtres humains.

Du cinquième au sixième chapitres de Genèse, l'Esprit de Dieu nous révèle comment après le premier meurtre, la violence se répandit partout dans le monde antique. Des fils de Dieu prirent pour femmes les filles des hommes et leur croisement donna naissance aux géants qui terrorisaient les humains. Pendant cette période très sombre de l'histoire de l'humanité, un homme naquit de l'un des descendants de Seth, la nouvelle lignée bénie d'Adam et Ève, lignée différente de celle de Caïn. Son père Lémec lui donna le nom de Noé, le consolateur de tous les oppressés. C'est avec cet homme et sa famille que Dieu ouvrira la première phase de son alliance.

# I. L'ALLIANCE COSMIQUE AVEC NOÉ

## 1. L'IMMINENCE DU DÉLUGE ET L'ARCHE DE NOÉ

**Genèse 6:5 "L'Éternel vit que la méchanceté des hommes était grande sur la terre, et que toutes les pensées de leur cœur se portaient chaque jour uniquement vers le mal."**

**Genèse 6:6 "L'Éternel se repentit d'avoir fait l'homme sur la terre, et il fut affligé en son cœur."**

**Genèse 6:7 "Et l'Éternel dit: J'exterminerai de la face de la terre l'homme que j'ai créé, depuis l'homme jusqu'au bétail, aux reptiles, et aux oiseaux du ciel; car je me repens de les avoir faits."**

**Genèse 6:14-17 "Fais-toi une arche de bois de gopher; tu disposeras cette arche en cellules, et tu l'enduiras de poix en dedans et en dehors. Voici comment tu la feras: l'arche aura trois cents coudées de longueur, cinquante coudées de largeur et trente coudées de hauteur. Tu feras à l'arche une fenêtre, que tu réduiras à une coudée en haut; tu établiras une porte sur le côté de l'arche; et tu construiras un étage inférieur, un second et un troisième. Et moi, je vais faire venir le déluge d'eaux sur la terre, pour détruire toute chair ayant souffle de vie sous le ciel; tout ce qui est sur la terre périra."**

Arrêtons-nous ici pour étudier soigneusement l'arche de Noé afin d'éviter la réduction de ce récit à une simple légende ou un mythe que l'on retrouve sous d'autres formes chez différents peuples de ce monde. L'arche de Noé est un fait historique que nous devons étudier objectivement pour comprendre son importance et sa signification pour nous aujourd'hui et pour tous les humains de toutes les générations. Nous allons recourir aux extraits d'une publication électronique[2] sérieuse sur l'arche de Noé pour comprendre ses aspects techniques.

---

2 http://alberto.sanchez.chez-alice.fr/L%27ARCHE%20DE%20NOE.pdf

## 2. L'ARCHE DE NOÉ À LA LUMIÈRE DE NOS CONNAISSANCES

*« À l'heure actuelle, des savants relisent le récit du déluge de Noé pour voir si les faits relatés sont possible à la lumière des connaissances en géologie et en construction navale. Nous trouvons, dans le livre de la Genèse, quelques détails surprenants concernant l'arche.*

*Dieu dit à Noé : Fais-toi une arche de bois de gopher; tu feras l'arche par loges, et tu l'enduiras de bitume par dedans et par dehors. Et voici comment tu la feras: La longueur de l'arche sera de trois cents coudées, sa largeur de cinquante coudées, et sa hauteur de trente coudées. Tu feras une fenêtre à l'arche, et tu l'achèveras à une coudée par en haut; et tu mettras la porte de l'arche sur son côté; tu la feras avec un étage inférieur, un second, et un troisième. Genèse 6:14-16*

*La plupart des érudits croient qu'une coudée représentait environ 46 centimètres (18 pouces), de sorte que l'arche devait avoir 137 mètres de long sur 23 mètres de large et 14 mètres de haut.*

*L'arche de Noé a été le plus grand bateau jamais construit, jusqu'à ce que, à la fin du 19e siècle, les hommes se mettent à construire de gigantesques navires en acier. L'arche était 6 fois plus longue que large, ce qui est excellent pour la stabilité en haute mer. Les constructeurs navals disent qu'il était pratiquement impossible qu'elle chavire.*

*À tous égards, elle était admirablement conçue pour résister pendant toute une année aux assauts d'une mer en furie. Ces dimensions sont particulièrement intéressantes lorsque nous les comparons à celles qui sont décrites dans la légende babylonienne. Dans ce récit, on dit que l'arche avait la forme d'un cube parfait dont chaque côté mesurait plus de cent vingt coudées et qu'elle avait neuf ponts. Un tel vaisseau tournerait sur lui même continuellement... et du point de vue de la stabilité, ce serait un désastre! »*

## L'ARCHE DE NOÉ ÉTAIT ASSEZ GRANDE

*« L'arche comprenait en tout 9 290 m2 d'espace disponible, ce qui équivaut à la superficie de plus 20 stades de basket-ball. Son volume total était de 42 960 m3 soit la capacité de 569 wagons de marchandise. La question est maintenant de sa-*

*voir combien d'animaux vivant sur terre devaient être pris dans l'arche pour survivre au déluge...*

*Selon Ernest Mayr, le plus grand expert américain en matière de classification, il existe plus d'un million d'espèces d'animaux dans le monde. Toutefois, la majorité de ces espèces pouvaient survivre dans l'eau et il n'était pas nécessaire de les faire entrer dans l'arche. Noé n'avait pas à s'occuper des 21 000 espèces de poissons; ni des 600 espèces d'échinodermes, y compris les étoiles de mer ni des 107 000 mollusques, tels que les moules, les palourdes et les huîtres; ni des 10 000 coelentérés comme les coraux, les anémones de mer et les méduses; ni, enfin, des 30 000 protozoaires, qui sont des créatures unicellulaires microscopiques.*

*De plus, plusieurs mammifères sont aquatiques :*

*par exemple, les baleines, les phoques et les marsouins. Nul besoin d'inclure les amphibies, ni tous les reptiles, les tortues de mer, les caïmans et les crocodiles. D'autres part, un grand nombre d'arthropodes, dont on compte 838 000 espèces, comme les langoustes, les crevettes, les puces aquatiques et les crabes, sont des créatures marines, et il y a peu d'insectes parmi les arthropodes. De même, un grand nombre des 35 000 espèces de vers ainsi que beaucoup d'insectes ont pu survivre hors de l'arche. »*

*Dr Morris et Dr Whitcomb, dans leur ouvrage réputé, intitulé The Genesis Flood (Le déluge de la Genèse) affirment que l'arche n'avait pas à héberger plus de 35 000 animaux. Mais soyons généreux et ajoutons tant soit peu à ce nombre, en tenant compte des espèces disparues et pour ajouter une certaine marge qui satisferait les sceptiques : supposons qu'il y avait 50 000 animaux dans l'arche. Évidement, Noé n'était pas tenu de prendre les animaux les plus grands ni les plus âgés; il existe en fait peu de grands animaux comme le dinosaure ou l'éléphant, et il aurait pu choisir de jeunes animaux parmi ces espèces.*

*Supposons que l'animal moyen avait la grandeur d'une brebis. Or, un wagon de marchandise moyen à deux ponts peut contenir 240 de ces animaux. Donc trois trains tirant 69 wagons chacun suffiraient pour transporter les 50 000 animaux, ce qui ne représenterait que le 37% de la capacité de l'arche. Il resterait 361 wagons, soit 5 trains de 72 wagons chacun pour transporter toute la nourriture et les bagages, plus la famille de Noé, qui comptait huit personnes. Il y avait donc bien de la place suffisante dans l'arche.*

## La construction de l'arche était réalisée par Noé et sa famille

*« La Bible affirme que Noé a suivi consciencieusement les directives de Dieu. Nous pouvons supposer qu'il a aussi engagé des artisans en plus des membres de sa famille. Etait-il possible à Noé de construire l'arche, seul avec ses 3 fils ?*

*La Bible nous dit que Noé était âgé de 500 ans quand il reçut de Dieu l'ordre de construire l'arche. Deux ans plus tard (Genèse 11:10), naissait son fils aîné Sem, puis Cham, puis Japhet (Genèse 5:32). Enfin, 100 ans plus tard, à l'âge de 600 ans, Noé reçut l'ordre de rentrer dans l'arche achevée avec sa famille (Genèse 7:6). »*

## 100 années étaient-elles suffisantes pour construire cette arche ?

*« Voici le calcul moyen qu'a réalisé pour Bibliorama un artisan charpentier professionnel, Gaël Urtin, qui construit des fustes (maisons en bois rond) selon les méthodes traditionnelles : aucun clou, aucune vis ne sont utilisés, tous les bois étant assemblés au millimètre près et enchevêtrés les uns dans les autres par le taillage des bois...*

*Pour une arche de bois de 137 m de long, par 14 m de haut et 23 m de large, en comptant les 3 planchers des étages et le toit, il faut disposer de 51 238 mètres linéaires de bois (poutres d'un diamètre moyen de 45 cm, section carrée de 32 cm).*

*Ces 51 238 mètres linéaires représentent une forêt sur pied de 3 740 arbres d'au moins 15 à 20 mètres de haut. Dans chaque arbre, on taille une poutre de 13,70 m de longueur en moyenne.*

*Le cubage total de bois à travailler est de 9 668 m3 de bois rond.*

*Avec les méthodes traditionnelles de l'époque de Noé (scies et haches seulement), 3 ou 4 hommes (Noé et ses 3 fils en l'occurence) pouvaient réussir à traiter au minimum 1 arbre entier en 8 jours (2 jours pour l'abattre, l'élaguer et le débonder, 3 jours pour l'écorcer et l'équarrir, 3 jours pour la manutention sur le chantier, le taillage et la mise en place.)*

*Selon ce calcul moyen, à raison de 6 jours de travail par semaine, sur une période de 1 200 mois (soit 100 années), 3 ou 4 hommes auraient effectivement réussi à traiter 3 740 arbres. Sachant que Noé a pu travailler avec ses 3 fils, qu'en outre ils étaient dotés d'une force physique supérieure à la nôtre (Noé vécut 950 ans - Genèse 9:29, Sem 600 ans - Genèse 11:11), et qu'enfin Dieu a pu les soutenir dans cette mission, il est plausible à 100 % que Noé ait réussi sa mission seul avec sa famille (et même en moins de temps que 100 années !)... »*

*En calculant la date à laquelle Dieu envoya le déluge sur la terre, calcul réalisé grâce à l'étude de la chronologie des patriarches de Adam à Noé, on s'aperçoit que Dieu a déclenché le déluge 6 mois après la mort du dernier patriarche. L'Arche pouvait donc être finie depuis un certain temps déjà...*

*Certains soulèvent également la difficulté de rassembler deux spécimens de chaque espèce et de les faire entrer dans l'arche. Toutefois, le récit de la Genèse nous dit que c'est Dieu qui rassembla les animaux et qui les fit entrer vers Noé deux par deux dans l'arche. (Genèse 6: 20)*

*Certains pensent que les problèmes n'ont vraiment surgi qu'une fois que tous se sont trouvés à bord, puisqu'il n'y avait que huit personnes pour nourrir, aérer, abreuver et nettoyer cette immense ménagerie pendant 371 jours. Toutefois, bien des savants pensent que les animaux ont pu tomber dans un état de léthargie, qui est une faculté latente d'hibernation qui existe dans presque toutes les espèces animales. Peut être cette faculté s'est-elle surnaturellement intensifiée pendant ce voyage.*

*Avec leurs fonctions physiques réduites au minimum, les animaux auraient nécessité beaucoup moins d'attention. En conclusion, lorsqu'on considère tous les faits, il devient évident que la science ne prouve pas du tout que le récit de l'arche de Noé soit un mythe ou une invention.*

*Les faits prouvent que l'arche de Noé décrite dans la Bible était assez grande pour transporter le nombre d'espèces animales qu'il fallait pour repeupler la terre après le déluge, et que Noé et les membres de sa famille étaient parfaitement capables de s'occuper de ces animaux pendant le temps qu'ils ont passé dans l'arche. Le déluge que Dieu a envoyé au temps de Noé était un jugement du péché sur la terre entière.*[3] *»*

---

[3] **http://alberto.sanchez.chez-alice.fr/L%27ARCHE%20DE%20NOE.pdf**

## 3. AVANT LA CONSTRUCTION DE L'ARCHE

Avant de laisser Noé entreprendre la construction de l'arche avec ses fils, Dieu s'approcha de lui pour souligner la particularité de sa relation avec lui et toute sa famille. C'est en ce moment précis de la vie de Noé et de l'histoire de l'humanité que le Dieu créateur introduisit le concept de BERIYTH comme mode de gouvernement de son royaume avec ses élus.

**Genèse 6:18. "Mais j'établis mon alliance avec toi; tu entreras dans l'arche, toi et tes fils, ta femme et les femmes de tes fils avec toi."**

C'est ainsi que l'Éternel commença l'écriture de son alliance perpétuelle avec l'humanité. Noé entrepris la construction de l'arche à l'âge de 500 ans avec l'assurance perpétuelle établie par Dieu avant le déluge. Cette alliance était comme une garantie de la part de Dieu pour la protection de tous ceux qui allait entrer dans l'arche. C'était son alliance et non l'alliance des hommes. Avant de la ratifier avec Noé, il détruisit d'abord le monde corrompu par le déluge.

Dieu apprit à Noé comment échapper à la mort. L'arche de Noé fut une métaphore vive du salut, tandis que Noé fut la figure historique représentant les élus de Dieu, tous ceux qui seront sauvés par la grâce du Créateur de tout l'univers.

Mais qui est cet homme? A-t-il réellement vécu sur cette terre? Pour répondre à ces questions nous allons recourir aux notes de Wikipédia. Voici sa fiche biographique: « Selon les chapitres 6 et 7 de la Genèse, Noé est le fils de Lamech7. Il descend de Seth, le fils d'Adam. Neuf générations séparent Noé d'Adam. Suivant l'analyse de la Genèse 5, Noé est né 1 056 ans après la création par Dieu d'Adam et mourut 2 006 ans après celle-ci, il fut donc contemporain des patriarches : Énosch, Kénan, Mahalaleel, Jéred (Yared), Metuschélah (Mathusalem) et Lémec. Le récit du Déluge se place en 2 348 ans avant l'ère chrétienne, quand Noé avait 600 ans (chronologie de l'archevêque James Ussher). »

Genèse 6:9, Noé était un homme juste et intègre dans son temps; Noé marchait avec Dieu.

Trois qualités spirituelles ou vertus que l'on ne retrouve pas facilement sur cette terre des humains: justice, intégrité, fidélité dans sa marche avec Dieu. Noé était comme une lumière de Dieu brillant dans les ténèbres du monde de son temps. Juste, Noé se comportait conformément à la justice de Dieu, à son équité. Sa vie quotidienne était conforme au droit et à la justice. Intègre, Noé était d'une probité quasi absolue. Il était honnête et intègre dans une société aux moeurs dépravées. Car Noé marchait avec Dieu. Il vivait en communion avec Dieu. Le monde du temps de Noé est presque similaire au monde d'aujourd'hui au niveau moral: corrompu.

Genèse 6:11-13 La terre était corrompue devant Dieu, la terre était pleine de violence. Dieu regarda la terre, et voici, elle était corrompue; car toute chair avait corrompu sa voie sur la terre. Alors Dieu dit à Noé: La fin de toute chair est arrêtée devant moi; car ils ont rempli la terre de violence; voici, je vais les détruire avec la terre.

Noé était une petite lumière de Dieu brillant dans un monde des ténèbres. Dieu décida d'épargner le seul homme juste avec toute sa petite famille. Il lui ordonna de fabriquer une arche, et de s'y réfugier avec sa femme, ses fils et leurs femmes, ainsi que des couples de chaque espèce animale. «Puis Dieu déclenche le Déluge, une pluie battante qui submerge les montagnes et tue tous les animaux et tous les humains. Seule l'arche flotte.[4]»

## CHRONOLOGIE DU DÉLUGE

### selon les notes de John MacArthur[5]

1. En l'an 600 de la vie de Noé (2e mois, 10e jour), Noé entre dans l'arche (Genèse 7:4, 10-11).

2.En l'an 600 de la vie de Noé (2e mois, 17e jour), le déluge commence (Genèse 7:11).

---

4 **https://fr.wikipedia.org/wiki/Noé_(patriarche)**

5 Bible Louis Second, avec commentaires de John MacArthur, Nouvelle Édition de Genève 1979, p.64

3. Les eaux recouvrent la terre pendant 150 jours ( 5 mois de 30 jours chacun), y compris 40 jours et 40 nuits de pluie (Genèse 7:12,17,24;8:1).

4. En l'an 600 de la vie de Noé (7e mois, 7e jour), les eaux commencent à baisser (7:24; 8:1).

5. Les eaux baissent suffisamment (7e mois, 17e jour) pour que l'arche puisse s'arrêter sur le mot Ararat (Genèse 8:5).

6. Les eaux continuent à baisser (10e mois, 1er jour), et les sommets des montagnes deviennent visibles (Genèse 8:5).

7. 40 jours plus tard (11e mois, 10e jour), Noé envoie un corbeau et une colombe (Genèse 8:6). Au cours des 14 jours suivants, il lâche encore deux fois la colombe (Genèse 8:10, 12). En tout cela prend 61 jours.

8. En l'an 601 de la vie de Noé, le premier jour du 1er mois, les eaux ont séché (Genèse 8:12-13).

9. Noé attend un mois et 26 jours avant de débarquer au cours du 2e mois, le 27e jour de sa 601e année. Du début à la fin le déluge a duré un an et 10 jours, de Genèse 7:11 à Genèse 8:14.

## 4. FIN DU DÉLUGE ET SORTIE DE L'ARCHE

## LE DÉLUGE EST UN FAIT HISTORIQUE

Alors que nous progressons ensemble dans l'étude Biblique concernant Noé et la grande alliance que le Dieu de tout l'univers contracta avec lui, prenons soin de souligner une fois de plus le fait que le déluge n'est pas une légende et Noé n'est pas un personnage mythologique. Inutile de comparer le récit historique du déluge mondial au mythe de Gilgamesh[6]. Je suis souvent surpris de voir des grands théologiens accorder plus d'importance à l'étude de ce produit de l'imagination humaine qu'à l'examen minutieux du récit historique du grand déluge mondial, récit repris plusieurs fois dans la Bible. Imaginez-vous entendre des savants du trentième siècle parlant du Covid19 comme étant une légende ou un mythe inventé par les gens du vingt-unième siècle pour expliquer ce qui peut arriver à tous ceux qui se rebellent contre les divinités. Ce discours ne relèvera pas de la science, mais de la pure spéculation des soi-disant savants qui prennent leurs opinions subjectives pour des discours scientifiques.

En 1959, il eut une grade célébration du centenaire de Darwin à Chicago. Pendant cette fête, Sir Julian Huxley déclara avec une grande assurance le triomphe de l'évolutionnisme et la mort définitive du crétinisme. En 1961, deux grands savants, John C. Whitcomb et Henry M.Moris, publièrent un ouvrage intitulé: **The Genesis Flood**[7]. Dans cet ouvrage très solide les auteurs réunirent des preuves archéologiques de la création divine et des êtres ayant existé avant le déluge. Henry Morris[8] put donner des évidences Biblique de la création et du déluge universel dans ses propres recherches qu'il présenta en 1953 lors d'une grande conférence universitaire

---

[6]https://www.herodote.net/2600_ans_av_J_C-evenement--26000000.php « Le récit du déluge figure sur la onzième tablette. Il est fait par un homme, Utanapishtim, qui dit avoir été informé par le dieu de la Sagesse que l'assemblée des divinités a décidé de détruire l'humanité...Et le dieu de donner ce conseil à Utanapishtim : « Démolis ta maison pour te faire un bateau ! Renonce à tes richesses pour sauver ta vie ! Détourne-toi de tes biens pour te garder sain et sauf ! Mais embarque avec toi des spécimens de tous les animaux (...).
Six jours et sept nuits durant, bourrasques, pluies battantes, ouragans et déluge continuèrent de saccager la terre ».
Les similitudes avec le texte biblique sont frappantes : ainsi, comme Noé dans la Bible, Utanapishtim lâche une colombe afin de repérer une terre émergée et finit par accoster sur une montagne.
La traduction de George Smith, validée par un grand orientaliste, démontre que le mythe du déluge est antérieur à la Bible, elle-même écrite par étapes à la fin du 1er millénaire avant J.-C... Dans l'un et l'autre cas, l'inondation sert de prétexte pour montrer ce qu'il en coûte à l'humanité de déplaire à la divinité.

[7] Whitcomb, J.C., Morris, H. M. (1961). **The Genesis Flood: The Biblical Record and its Scientific Implications**. Presbyterian and Reformed.

[8] MORRIS, H.M. (1993). **The History of Modern Creationism**. Second edition, Institute for Creation Research.

à Grace Theological Seminar, à Winona Lake, en Indiana. Le crétinisme n'est jamais mort et le récit du déluge mondial est historique.

La Bible parle du déluge comme étant un fait historique:

Psaumes 29:10 L'Éternel était sur son trône lors du déluge; l'Éternel sur son trône règne éternellement.

Dans Matthieu 24:38-39, Jésus le plus grand Docteur en Théologie du monde déclare: « Car, dans les jours qui précédèrent le déluge, les hommes mangeaient et buvaient, se mariaient et mariaient leurs enfants, jusqu'au jour où Noé entra dans l'arche; et ils ne se doutèrent de rien, jusqu'à ce que le déluge vienne et les emporte tous; il en sera de même à l'avènement du Fils de l'homme. »

Le Docteur Jésus n'évoque pas une légende ou un mythe en parlant du déluge. Il parle d'un événement historique qui doit servir d'avertissement à toute l'humanité cheminant progressivement vers la fin de ce monde méchant et l'avènement du royaume de Dieu, par la manifestation glorieuse et historique du Seigneur Jésus-Christ.

Luc reproduit le même avertissement du Dr. Jésus dans Luc 17:27, « Les hommes mangeaient, buvaient, se mariaient et mariaient, jusqu'au jour où Noé entra dans l'arche; le déluge vint, et les fit tous périr. »

L'apôtre Pierre reprend le même avertissement pour préparer le saint au jugement final dans 2 Pierre 2:5, « s'il n'a pas épargné l'ancien monde, mais s'il a sauvé Noé, lui huitième, ce prédicateur de la justice, lorsqu'il fit venir le déluge sur un monde d'impies; ... »

La Bible confirme la réalité historique du déluge. Ne pas reconnaître cette réalité entraîne automatiquement l'inexistence de l'alliance cosmique universelle que le Seigneur Dieu fit avec Noé après sa sortie de l'arche à la fin du déluge. Ignorer ou rejeter l'historicité du déluge c'est tout simplement essayer d'effacer les traces d'un grand événement de l'histoire de l'humanité dont les preuves se trouvent partout sur cette terre, dans les mers, les océans, les fleuves, les lacs et les rivières, la flore et la faune. Les archéologues expérimentés ont retrouvé partout dans l'ancien monde des traces géologiques des anciennes cités qui furent détruites par le déluge[9]. Le lien indiqué ci-dessous contient des articles scientifiques sur ce sujet. Revenons à Noé sortant de l'arche après le grand déluge historique.

## LA SORTIE DE L'ARCHE EST UN FAIT HISTORIQUE

Après un an et dix jours dans l'arche, Genèse 7:11 à 8:14, Noé entendit Dieu lui dire: Genèse 8:15-17 « Sors de l'arche, toi et ta femme, tes fils et les femmes de tes fils avec toi. Fais sortir avec toi tous les animaux de toute chair qui sont avec toi, tant les oiseaux que le bétail et tous les reptiles qui rampent sur la terre: qu'ils se répandent sur la terre, qu'ils soient féconds et se multiplient sur la terre. »

Le discours ci-dessus n'est pas du tout mythologique. Il s'agit d'une parole rationnelle contenant des ordres claires et précis venant de Dieu lui-même. Il dialogue avec Noé comme un père qui parle avec son fils. C'est la même voix qui ordonna Noé d'entrer dans l'arche - Genèse 7:1. Noé entendit la voix de Dieu avant d'entrer dans l'arche et avant de sortir de l'arche. Il n'entendit pas sa propre voix, celle de son coeur ou de son imagination.

Sur l'ordre de Dieu, Genèse 8:17-19 « Noé sortit, avec ses fils, sa femme, et les femmes de ses fils. Tous les animaux, tous les reptiles, tous les oiseaux, tout se qui se meut sur la terre, selon leurs espèces, sortirent de l'arche. » Une fois de plus, cette description de la sortie de Noé avec tous les êtres vivants qui étaient dans l'arche est historique et non mythologique. Il reçut l'ordre de sortir du Créateur du ciel et de la terre et s'exécuta sans tergiverser.

Heureux de sortir sain et sauf de cette catastrophe universelle, Genèse 8:20 « Noé bâtit un autel à l'Éternel; il prit de toutes les bêtes pures et de tous les oiseaux purs, et il offrit des holocaustes sur l'autel » Noé adora le Grand Dieu de tout l'univers dès sa sortie de l'arche. En lui offrant des holocaustes, il lui rendait gloire et le remerciait pour sa grâce envers lui et toute sa famille. C'était l'expression profonde de sa reconnaissance en-

---

9 **http://bible.archeologie.free.fr/delugegeologie.html**

vers Dieu. La réponse de Dieu à cet acte spirituel hautement significatif ne tarda pas à venir.

Genèse 8:21-22 « L'Eternel sentit une odeur agréable, et l'Éternel dit en son cœur: Je ne maudirai plus la terre, à cause de l'homme, parce que les pensées du cœur de l'homme sont mauvaises dès sa jeunesse; et je ne frapperai plus tout ce qui est vivant, comme je l'ai fait, Tant que la terre subsistera, les semailles et la moisson, le froid et la chaleur, l'été et l'hiver, le jour et la nuit ne cesseront point. »

Quel grand Dieu, lent à la colère et riche en bonté! Il sentit l'odeur agréable des holocaustes de Noé. Il était très touché par cette offrande venant du cœur de Noé. Il prit la décision de ne plus jamais maudire la terre. Quel fondement spirituel pour nos prières d'intercession en faveur de ce monde rebelle! « Je ne maudirai plus la terre. » Plus de malédiction sur la terre! Plus de malédiction sur les hommes! Plus de malédiction sur les femmes! Plus de malédiction sur les jeunes ! Plus de malédiction sur les enfants! Plus de malédiction sur tous les êtres vivants sur cette terre. Car les pensées du cœur de l'homme sont mauvaises dès sa jeunesse. Le cœur de l'homme est tortueux par-dessus tout qui peut le connaître. Seul le pardon inconditionnel de Dieu peut le transformer. La malédiction ne change pas l'homme, mais l'amour de Dieu. Jean 3:16 trouve toute sa signification dans cette décision souveraine de Dieu. Il aime tellement l'homme qu'il ne veut plus le maudire. Il vient plutôt à son secours. Plus jamais « je ne frapperai tout ce qui est vivant ». Quelle grâce! La terre continuera à subsister sous ma protection. Les semailles et la moisson, le froid et la chaleur, l'été et l'hiver, le jour et la nuit ne cesseront point. C'est très fort ! Quelle assurance que reçue Noé pour tous les êtres vivants! L'histoire du salut de la terre se mit en marche.

Ézéchiel 18:23 Ce que je désire, est-ce que le méchant meure? dit le Seigneur, l'Éternel. N'est-ce pas qu'il change de conduite et qu'il vive?

Lamentations 3:33 Car ce n'est pas volontiers qu'il humilie et qu'il afflige les enfants des hommes.

1 Timothée 2:4 Dieu veut que tous les hommes soient sauvés et parviennent à la connaissance de la vérité.

Ézéchiel 33:11 Dis-leur: Je suis vivant! dit le Seigneur, l'Éternel, ce que je désire, ce n'est pas que le méchant meure, c'est qu'il change de conduite et qu'il vive. Revenez, revenez de votre mauvaise voie; et pourquoi mourriez-vous,...?

C'est dans cet esprit de miséricorde et d'amour que Dieu fit son alliance universelle avec Noé. Voyons maintenant la vraie nature de cette alliance telle que formulée par Dieu lui-même au neuvième chapitre de Genèse.

## 5. L'ALLIANCE DE DIEU AVEC NOÉ

L'alliance de Dieu, appelée BERIYTH en hébreu, est l'expression de son amour envers ses créatures. C'est aussi la stratégie du Créateur pour établir une union solide avec son image sur cette terre, lui transmettre sa vie, sa révélation, son pouvoir, et assurer sa protection et sa marche vers la gloire éternelle. Par la BERIYTH Dieu recrée l'homme et rétablit en lui sa vraie identité perdue au jardin d'Eden lors du péché d'Ève et d'Adam. C'est Dieu et lui seul qui détient le pouvoir de transformer des êtres déchus et rebelles en nouvelles créatures capables de vivre en communion avec Dieu et de marcher de gloire en gloire. Quand il dit: J'établis mon alliance avec toi, il transforme son vis-à-vis en une nouvelle créature et lui donne sa nature divine, la seule capable de rester éternellement fidèle. L'alliance de Dieu transforme les êtres humains qui la contractent avec lui. Sa première alliance transforma Noé et sa progéniture en ancêtre d'un nouveau peuple de Dieu. Cette première alliance formelle et matérielle de Dieu dans l'histoire de l'humanité touche toute la création. C'est pour cette raison qu'elle s'appelle l'alliance cosmique. Examinons la vraie nature de cette alliance et ses implications dans l'histoire du monde et nos propres vies.

### L'ALLIANCE COSMIQUE

### Genèse 9:1-17

Dix-sept versets du chapitre neuf de Genèse sont consacrés à cette première alliance officielle de Dieu dans l'histoire de l'humanité. Examinons ces versets pour comprendre par la grâce du Saint-Esprit la signification profonde de ce grand traité de Dieu avec tous les êtres vivants. Commençons par les sept premiers versets contenant un message très important de la part de Dieu. Puis nous étudierons les dix versets suivants qui portent sur l'alliance cosmique universelle.

## LES BÉNÉDICTIONS DE DIEU APRÈS LE DÉLUGE

### Genèse 9:1-7

Les sept premiers versets portent sur différentes bénédictions de Dieu en faveur de Noé et ses fils. La première bénédiction assure la fécondité et la multiplication biologique pour remplir la terre. Dieu renouvelle ainsi la bénédiction de la fécondité et de la multiplication du genre humain donnée à la création. Genèse 1:27-28a.

La deuxième bénédiction formulée au deuxième verset porte sur la relation entre les êtres humains et les animaux. « Vous serez un sujet de crainte et d'effroi pour tout animal de la terre, pour tout oiseau du ciel, pour tout ce qui se meut sur la terre, et pour tous les poissons de la mer: Ils sont livrés entre vos mains. » Tous les êtres animés sont ainsi soumis à l'être humain.

La troisième bénédiction est un don, le don de la viande comme nourriture. « Tout ce qui se meut et qui vit vous servira de nourriture: Je vous donne tout cela comme l'herbe verte. » Avant le déluge, les êtres humains étaient des végétariens. Ils ne mangeaient pas de viande. Mais après le déluge, la chaire de tout ce qui se meut leur fut donnée comme nourriture, avec l'interdiction de ne jamais la manger avec son sang. Car le sang c'est la vie. C'est d'ailleurs pour cette raison que Dieu interdit formellement à l'homme de verset le sang de son semblable. « Si quelqu'un verse le sang de l'homme son sang sera versé; car Dieu a fait l'homme à son image. »

Notons ce principe important de l'anthropologie biblique: L'IMAGO DEI. L'image de Dieu est le dénominateur commun qui fait que tous les êtres humains sont égaux devant et en Dieu. Créé à l'image de Dieu, tout être humain porte en lui l'esprit de Dieu, son souffle, son essence et son être. Sa vie vient de Dieu. Par conséquent personne n'a le droit de mettre fin à sa vie. Dieu rappelle ce principe après le déluge pour le graver dans la conscience de Noé et de toute sa descendance. C'est un principe universel fondé sur l'origine et la nature divine de tout être humain. Prenons soin de lire, d'étudier, de méditer et de comprendre spirituellement Genèse 1:26-27 et Genèse 2:7. L'être humain est l'esprit de Dieu existant dans un corps physique avec une âme vivante. Sa ressemblance avec Dieu ne se limite pas à sa conscience morale, car son essence est spirituelle. Contrairement à Jean Calvin[10] qui voyait l'image de Dieu dans l'âme humaine, nous réalisons que l'être humain tout entier, dans son corps, son âme et son esprit, est à l'image de Dieu. C'est d'ailleurs dans ce sens que l'apôtre Paul parle du corps humain comme étant le temple de Dieu. C'est en tant que temple de Dieu, tabernacle de l'Esprit de Dieu, que l'homme peut comprendre l'alliance de Dieu avec lui et l'assumer. C'est pour cette raison qu'avant de proclamer et de signer son alliance avec lui, Dieu commence par rassurer sa nature divine. L'alliance de Dieu est inséparable du don de son image à l'être humain. Car c'est en tant qu'image de Dieu multipliée sur toute la terre que l'être humain est le porteur privilégié de sa parole d'amour, de sa lumière divine, de sa vie abondante et de sa gloire éternelle. Genèse 9:7 « Et vous, soyez féconds et multipliez, répandez-vous sur la terre et multipliez sur elle. »

## LES PAROLES DE L'ALLIANCE

### Genèse 9:8-17

Après les paroles de bénédiction, avec des instructions précises, Dieu s'adressa de nouveau à Noé et à ses fils en ces termes: « Voici, j'établis mon alliance avec vous et avec votre postérité après vous; avec tous les êtres vivants qui sont avec vous, tant les oiseaux que le bétail et tous les animaux de la terre, soit avec tous ceux qui sont sortis de l'arche, soit avec tous les animaux de la terre. »

Retenons bien les premiers termes de cette alliance de Dieu: « J'établis mon alliance… » Il s'agit de l'Alliance de Dieu. C'est lui qui initie cette alliance et la formalise. Il est la source et le fondement de cette alliance. C'est pour cette raison qu'elle est indestructible, stable, bien fondée pour toujours.

« J'établis mon alliance avec vous et avec votre postérité après vous; … » Une autre indication très précieuse concernant les partenaires de cette alliance. Dieu l'établit avec Noé, ses trois fils, son épouse et les trois femmes de ses fils, tous représentant l'humanité. Cette alliance est valable pour tous les humains, toutes les races

---

10 Calvin, J. 1960. **The institution of the Christian religion**, 189. Calvin, J. 1979a; Calvin,s commentaries Vol1: Genesis. Grand Rapids: Baker, 94; Calvin, J. 1979b. Calvin's commentaries VolXXI: Ephesians. Grand Rapids: Baker, 295-296. Calvin, J. 1979c. Calvin's commentaries Vol 1: Colossians. Grand Rapids: Baker, 211-212.

humaines, toutes les tribus et les nations du monde, Noé et sa famille étant les ancêtres de tous les hommes après le déluge.

Mais Dieu ne s'arrêta pas aux êtres humains. Il poursuivit son discours solennel en déclarant à Noé et aux membres de toute sa petite famille: J'établit cette alliance « avec tous les êtres vivants qui sont avec vous, tant les oiseaux que le bétail et tous les animaux de la terre, soit avec tous ceux qui sont sortis de l'arche, soit avec tous les animaux de la terre. »

Ce dernier détail mérite une attention particulière. Car beaucoup ignore qu'il y avait des animaux aquatiques qui n'étaient pas dans l'arche de Noé, mais qui survécurent et furent bénis après le déluge. Dieu établit aussi son alliance avec ces animaux de la terre comme avec tous les animaux qui sortirent de l'arche. Il établit son alliance avec tous les êtres vivants. C'est une alliance universelle. Tous les êtres vivants sur cette terre et dans les airs sont concernés par cette alliance. C'est pourquoi nous l'appelons l'alliance cosmique.

À travers cette alliance, toute la création corrompue par le péché originel rentre dans la voie de l'espérance divine. C'est dans le contexte de cette alliance que les paroles inspirées de l'apôtre Paul écrites dans Romains 8:19-23 deviennent très révélatrice du mystère de la rédemption universelle ou cosmique: « **Aussi, la création attend-elle avec un ardent désir la révélation des fils de Dieu. Car la création a été soumise à la vanité - non de son gré, mais à cause de celui qui l'y a soumise - avec l'espérance qu'elle aussi sera affranchie de la servitude de la corruption, pour avoir part à la liberté de la gloire des enfants de Dieu. Or, nous savons que, jusqu'à ce jour, la création tout entière soupire et souffre les douleurs de l'enfantement. Et ce n'est pas elle seulement; mais nous aussi, qui avons les prémices de l'Esprit, nous soupirons en nous-mêmes, en attendant, l'adoption, la rédemption de notre corps**. »

Le texte de Romains 8:19-23 s'inscrit dans la structure dynamique de l'alliance de Dieu avec toute la création. Car, en contractant son alliance avec tous les êtres vivant dans la création, Dieu ouvre la voie de la délivrance à toute sa création, corrompue par le prince des ténèbres. Désormais, toute la création aspire à la révélation des fils de Dieu qui vont un jour vivre en image de Dieu sous le règne du Prince de la paix. En réalité, la création est morte. Elle attend sa résurrection avec la rédemption totale des fils et des filles de Dieu. Elle souffre aujourd'hui les douleurs de l'enfantement parce qu'elle porte en elle l'espérance de l'alliance cosmique de Dieu. Comme tous les êtres humains qui sont conscients de leur salut et attendent leur entrée dans le royaume de Dieu, toute la création porte en elle l'espérance du salut total qui sera manifesté pleinement à l'avènement du Roi des rois. L'alliance cosmique de Dieu est une assurance universelle pour la délivrance totale et éternelle de la création.

## 6. LE SIGNE PHYSIQUE DE L'ALLIANCE COSMIQUE

### Genèse 9:11-15

Du onzième au dix-septième verset de Genèse 9, Dieu donne à Noé, aux membres de sa famille et à tous les êtres vivants après le déluge un signe de son alliance. « **J'établis mon alliance avec vous: aucune chair ne sera plus exterminée par les eaux du déluge, et il n'y aura plus de déluge pour détruire la terre.** » C'est un engagement divin, solennel, définitif. « **Je ne détruirai plus la terre par le déluge.** » Plus jamais de déluge universel, dit Dieu.

Cette décision fut inscrite par Dieu dans le cosmos de la manière suivante: « **Et Dieu dit: C'est ici le signe de l'alliance que j'établis entre moi et vous, et tous les êtres vivants qui sont avec vous, pour les générations à toujours. J'ai placé mon arc dans la nue, et il servira de signe de l'alliance entre moi et la terre**. » La terre entière est incluse dans cette alliance. Dieu s'engagea à ne plus jamais détruire la terre entière, toute la terre, par le déluge. Dieu établit un signe physique dans la nue, le « cloud » comme on dirait aujourd'hui en langage numérique. Dieu plaça son arc dans la nue, dans le ciel. Ce signe demeure visible.

« L'arc-en-ciel est un photométéore - un phénomène optique se produisant dans le ciel - qui rend visible le spectre continu de la lumière du soleil quand il brille pendant la pluie. C'est un arc coloré avec le rouge à l'extérieur et le violet à l'intérieur.[11] »

Tous les savants reconnaissent le fait que les arcs-en-ciel sont produits par la réfraction, la réflexion et la dispersion par des gouttes d'eau en suspension dans

11 https://fr.wikipedia.org/wiki/Arc-en-ciel

l'atmosphère des radiations lumineuses qui se combinent dans la lumière blanche du soleil[12].

Ce phénomène fut placé dans la nue par Dieu lui-même, nous donnant ainsi un autre signe de sa présence dans l'univers. « **J'ai placé mon arc dans la nue, et il servira de signe d'alliance entre moi et la terre. Quand j'aurai rassemblé des nuages au-dessus de la terre, l'arc paraîtra dans la nue; et je me souviendrai de mon alliance entre moi et vous, et tous les êtres vivants, de toute chair, et les eaux ne deviendront plus un déluge pour détruire toute chair**. » Il y a un signe matériel de cette première alliance formelle. Les croyants et les non-croyants peuvent voir ce signe. Ce n'est pas un mythe, mais un fait objectif, visible, observable à l'oeil nu.

## LA DURÉE DE L'ALLIANCE COSMIQUE

## PERPÉTUELLE

### Genèse 9:16-17

Le Dieu de l'alliance est éternel. Son royaume est éternel. Par conséquent, son alliance qu'il a établit avec tous les êtres vivants est éternelle. Elle oriente toutes ses créatures vers sa gloire éternelle. « **L'arc sera dans la nue; et je le regarderai, pour me souvenir de l'alliance perpétuelle entre Dieu et tous les êtres vivants, de toute chair qui est sur la terre. Et Dieu dit à Noé: Tel est le signe de l'alliance que j'établis entre moi et toute chair sur la terre**. »

Désormais toute chair peut respirer aisément sur le terre. Car l'alliance cosmique de Dieu protège toute vie contre la destruction massive d'un déluge universel. Il n'y aura plus jamais de destruction de la vie sur toute la terre par les eaux. C'est écrit dans la nue. L'arc est la signature de Dieu dans le ciel.

Cette alliance perpétuelle constitue une base solide de notre intercession devant le trône du Seigneur Dieu pour le salut de tous les êtres vivants sur cette terre. Surtout quand des ouragans menacent de détruire une partie de la terre. Nous pouvons rappeler cette alliance à notre Père qui ne tardera pas de répondre favorablement à notre requête.

---

12 https://fr.wikipedia.org/wiki/Arc-en-ciel

Tous les êtres vivants sur la terre appartiennent au Dieu de l'alliance contractée avec Noé après le déluge. La signature de cette alliance dans la nue constitue une preuve de son historicité. Ne soyons pas distrait par les faux savants qui racontent n'importe quoi sur le déluge qui eut lieu sur toute la terre. Car la Bible déclare dans Matthieu 24:37 à 42 ce qui suit: « **Ce qui arriva du temps de Noé arrivera de même à l'avènement du Fils de l'homme. Car, dans les jours qui précédèrent le déluge, les hommes mangeaient et buvaient, se mariaient et mariaient leurs enfants, jusqu'au jour où Noé entra dans l'arche; et ils ne se doutèrent de rien, jusqu'à ce que le déluge vînt et les emportât tous: il en sera de même à l'avènement du Fils de l'homme. Alors, de deux hommes qui seront dans un champ, l'un sera pris et l'autre laissé; de deux femmes qui moudront à la meule, l'une sera prise et l'autre laissée. Veillez donc, puisque vous ne savez pas quel jour votre Seigneur viendra**. »

Alors que le monde parle de plus en plus de paix et sauvegarde de la création ou de la nature, le peuple de Dieu est appelé à proclamer l'alliance cosmique de Dieu au monde entier. La connaissance de cette alliance de Dieu avec Noé et tous les êtres vivants, donne au peuple de Dieu la clé de l'intercession pour la protection de ce monde contre tout déluge destructeur. Car le Créateur de tout l'univers l'a solennellement et formellement déclaré: Plus jamais je ne détruirai la terre par le déluge. Proclamons cette révélation au monde qui périt faute de connaissance.

## 7. SIGNIFICATION L'ALLIANCE COSMIQUE

Pour conclure notre examen de la première phase de l'alliance de Dieu, selon la Bible, retenons les bénéfices de ce traité universel et cosmique pour l'humanité et toute la terre:

**Protection divine: -** L'alliance de Dieu avec Noé fut annoncée à celui-ci avant l'entrée dans son arche, l'assurant ainsi de la protection pendant le déluge. Après le déluge, Dieu commença l'articulation de son alliance en bénissant Noé avec son épouse, ses trois fils et ses trois belles-filles. Ils vécurent tous sous la haute protection de Dieu.

**Pouvoir divin**: - L'alliance de Dieu donna à Noé, à ses trois fils, à son épouse, à ses trois belles-filles et à tous leurs descendants de tous les âges le pouvoir de se multiplier et de remplir toute la terre, avec la responsabilité de gérer tous les êtres vivants. La permission de manger la chair des animaux et des oiseaux fut donnée aux humains avec l'interdiction de ne jamais manger le sang. Car le sang c'est la vie. Cette interdiction est comme un langage codé de la responsabilité humaine face à la vie sur toute la terre. L'alliance de Dieu fait de l'homme le responsable de la vie dans le monde. Il doit respecter la vie et participer à sa protection et à sa multiplication. Il doit bien gérer le pouvoir qu'il exerce sur tous les êtres vivants.

**Présence divine**: - L'arc dans la nue est le signe de l'alliance de Dieu avec tous les êtres vivants concernant leur protection contre toute destruction massive par un déluge universel. Comme tout signe, l'arc dans le ciel est un symbole qui révèle un mystère, le mystère de la présence de Dieu dans le ciel et dans le monde. Le Dieu Créateur est omniprésent. Il était présent dans le monde avant, pendant et après le déluge. Mais les gens du temps de Noé ignoraient sa présence, aveuglés par leur violence meurtrière et leurs tendances morbides au mal. Seul Noé le juste était conscient de la présence de Dieu sur la terre et dans les cieux. En lui donnant comme signe de son alliance avec tous les êtres vivants, l'arc dans le ciel pluvieux, Dieu assura par une signature cosmique sa présence dans ce monde toujours en détresse.

Rappelons-nous qu'avant l'arc dans la nue, Dieu demanda à Noé de construire une arche pour échapper au déluge avec toute sa famille, ainsi que les oiseaux et les animaux, qu'il y fit entrer deux par deux de chaque espèce, un mâle et une femelle. Notons aussi qu'après Noé, Abraham, Isaac, Jacob et Joseph, Dieu demanda à Moïse de construire une petite arche d'alliance lors de la marche des enfants d'Israël dans le désert. **L'arche de Noé, l'arc dans la nue et l'arche de l'alliance nous renvoient tour à tour à la présence de Dieu, qui nous protège et nous donne le pouvoir de traverser sains et saufs les ouragans de ce monde**. **Le Dieu de l'Alliance est à la fois notre arche de Noé, notre arc-en-ciel et notre arche de l'alliance**. Son alliance avec tous les êtres vivants consiste à établir un bouclier surnaturel de protection sur toute la terre.

Nous devons saisir par la foi la présence de Dieu à travers sa parole et son alliance. Hébreux 11:7 « **C'est par la foi que Noé, divinement averti des choses qu'on ne voyait pas encore, et saisi d'une crainte respectueuse, construisit une arche pour sauver sa famille; c'est par elle qu'il condamna le monde, et devint héritier de la justice qui s'obtient par la foi**.»

## II. L'ALLIANCE DE LA CIRCONCISION AVEC ABRAHAM

## UNE ALLIANCE CORPORELLE

**Genèse 15:18 -21 et 17**

**1. L'APPEL D'ABRAHAM**

**2. LA BÉNÉDICTION DE DIEU**

**3. LA MARCHE AVEC DIEU**

**4. L'ALLIANCE DE DIEU AVEC ABRAHAM**

# 1. L'APPEL D'ABRAM

## Genèse 11:10-26 à 12:1-9

Alors que l'alliance de Dieu peut inclure toutes les créatures vivant sur la terre, un peuple, une nation ou un royaume, le partenaire humain de ce traité est toujours un élu de Dieu, une personne choisie avant la fondation du monde - Éphésiens 1:4. C'est le cas d'Abram, né à Ur Kasdim ou Ur de Chaldéens. C'est un descendant de Sem, fils de Noé - Genèse 11:10 -33. Il est le fils de Terah et a deux frères, Nahor et Haran. Haran meurt à Ur de Chaldéen et laisse son fils Lot avec Abram et son père Terah. Abram épouse sa demi-soeur Saraï qui est stérile, puis quitte un jour avec son père et son neveu Ur. Ils s'installent tous à Harran, une ville située aujourd'hui en Turquie, au croisement des routes de Damas, de Karkemich et de Ninive. C'est un grand site archéologique où l'on peut voir les murailles de la cité antique, longues de cinq kilomètres, avec d'importants vestiges médiévaux tels que le château et l'Ulu Camii, une grande mosquée du huitième siècle.

Terah meurt à Harran - Genèse 11:32. Abram reçoit l'appel de l'Éternel qui lui dit dans un langage clair et précis: Genèse 12:1 « **Va t'en de ton pays, de ta patrie, et de la maison de ton père, dans la pays que je te montrerai.** » En d'autres mots: Quitte ton pays, ton peuple, ta culture, ta religion traditionnelle, tes coutumes et tes us, tes terres et ton héritage paternel et ancestral. Genèse 12:2-3 « **Je ferai de toi une grande nation, et je te bénirai; je rendrai ton nom grand, et tu seras une source de bénédiction. Je bénirai ceux qui te béniront, et je maudirai ceux qui te maudiront; et toutes les familles de la terre seront bénies en toi.** » Ces deux versets sont très importants pour comprendre la valeur de l'alliance de Dieu avec Abram. En l'appelant, Dieu démonte toute l'ancienne histoire d'Abram et commence à créer avec lui une nouvelle histoire, l'histoire de la marche par la foi.

Genèse 12:4-9 - Abram obéit à Dieu et quitte Harran pour le pays que Dieu va lui montrer. Il est âgé de soixante-quinze ans et son épouse Saraï a 65 ans. Il prend son épouse, et Lot, le fils de son frère, avec tous les biens qu'ils possèdent et les serviteurs qu'il a acquis à Harran ou Charan, et se met en marche avec Dieu. Il arrive dans le pays de Canaan et s'y installe sur ordre de Dieu. Il parcourt le pays jusqu'à un lieu appelé Sichem ou Shekem en arabe, appelé aujourd'hui Naplouse, la ville de la femme Samaritaine à l'époque de Jésus. Il s'arrête aux chênes de Moré et rencontre les premiers habitants de ce pays, les Cananéens, descendants de Cham.

Une vision surnaturelle et non imaginaire venant directement de Dieu: Genèse 12:7 « **L'Éternel apparut à Abram, et dit: Je donnerai ce pays à ta postérité. Et Abram bâtit là un autel à l'Éternel, qui lui était apparu.** » Abram établit son premier lieu d'adoration de l'Éternel en terre de Canaan. Il parle directement avec Dieu.

Il se transporte de Sichem vers la montagne, à l'orient de Béthel, et il dresse ses tentes, entre Béthel à l'occident et Aï à l'orient. Il bâtit encore là un autel à l'Éternel et invoque le nom de l'Éternel. Il neutralise ainsi tous les dieux ayant occupé ce pays avant sa venue. Il continue ses marches, en progressant vers le sud du pays promis. La famine frappe le pays et Abram fuit en Égypte. Mais il revient de ce séjour tumultueux avec beaucoup de richesses. Il se sépare avec son neveu Lot qui choisit d'aller s'installer avec ses serviteurs et ses troupeaux sur la plaine du Jourdain, entièrement arrosée. Dès le départ définitif de Lot, Abram entend la voix de Dieu qui lui dit: « **Lève les yeux, et, du lieu où tu es, regarde vers le nord et le midi, vers l'orient et l'occident, car tout le pays que tu vois, je le donnerai à toi et à ta postérité pour toujours. Je rendrai ta postérité comme la poussière de la terre, en sorte que, si quelqu'un peut compter la poussière de la terre, ta postérité aussi sera comptée. Lève-toi, parcours le pays dans sa longueur et dans sa largeur, car je te le donnerai**.» Abram entre ainsi à l'école de la foi. Il lève ses tentes et vient habiter parmi les chênes de Mamré, près d'Hébron. Il s'installe sur l'actuel mont Sion, non loin du centre de l'histoire d'Israël qui deviendra la cité de David, le mont du temple. Il est proche de la montagne qui sera un jour appelé Golgotha et du lieu où il sera appelé à offrir son seul fils héritier en sacrifice à Dieu. Il y bâtit un autel à l'Éternel. Adore continuellement Dieu tout en s'occupant bien de ses affaires avec ses nombreux serviteurs qui forment avec lui une armée invincible et une entreprise très prospère. Dieu le bénit abondamment. Mais son épouse Saraï demeure stérile.

## 2. LA BÉNÉDICTION PARTICULIÈRE DE DIEU DE DIEU

### Genèse 15

Quand Dieu bénit son élu, il réalise lui-même sa bénédiction. Il n'a pas besoin d'aide extérieure pour combler ses enfants de ses bienfaits. C'est le sens de la vision que Dieu donna à Abram après sa victoire contre les rois qui voulaient dominer toute la région couvrant le territoire allant de Schinear, - à l'est (région ancienne de Babylone et de Mésopotamie) -, jusqu'au Jourdain, au pays de Moab, au sud-ouest de la mer Morte, vers la plaine de Sodome et Gomorrhe.

Genèse 15 - Vingt versets très significatifs. Pour comprendre ce texte, nous le divisons en trois sections: Versets 1 à 6 La parole de l'Éternel à Abram. Versets 7 à 11 Les sacrifices d'Abram à l'Éternel. Versets 12 à 20 Le feu et la révélation de l'Éternel.

Genèse 15:1-6 Après la victoire d'Abraham contre les rois du nord et sa rencontre avec Melchisédek, roi de Salem et sacrificateur du Dieu Très-Haut, à qui le patriarche donna la dîme de tout, après avoir reçu de lui la bénédiction d'El Elyon, la parole de l'Éternel lui fut adressée dans une vision en ces termes: « **Abram, ne crains point: je suis ton bouclier, et ta récompense sera grande.** » Quelle bénédiction! Plus rien à craindre. Pas besoin de t'angoisser, car moi le Dieu Très-Haut, je suis ta protection et ta récompense sera sans limite. Wow! Mais Abram ne semble pas très impressionné par cette déclaration de l'Éternel. Il réagit en ces mots: « **Adonaï Jehovah, que me donneras-tu? Je m'en vais sans enfants; et l'héritier de ma maison, c'est Eliézer de Damas**. » En d'autres mots, Seigneur Dieu, tu n'as pas réalisé ta promesse. « **Voici, tu ne m'as pas donné de postérité, et celui qui est né dans la maison sera mon héritier**. » Abram avait déjà écrit son testament. Son héritier était désigné: l'un de ses meilleurs esclaves né dans sa maison. Il ignorait le mystère de la bénédiction de Dieu dans son couple. Il se fiait plus à sa raison qu'à sa foi en Dieu. Il était réaliste.

En bon pédagogue, le Seigneur Dieu se mit à donner à son élu des informations précises concernant le vrai héritier d'Abram. Il lui dit: « **Ce n'est pas Eliézer de Damas qui sera ton héritier, mais c'est celui qui sortira de tes entrailles**. » Puis il fit sortir Abram de sa tente et le conduisit dehors pour l'aider à élargir sa vision et sa compréhension de la grandeur de la bénédiction de Dieu concernant sa postérité. Il lui dit: « **Regarde vers le ciel, et compte les étoiles, si tu peux les compter.** »

Qu'est-ce qu'une étoile? C'est « une énorme boule de gaz qui brûle pendant des millions ou des milliards d'années. Une étoile produit sa propre lumière et a une place fixe dans le ciel.[13] »

---

13 http://nuit.mnhn.fr/fichier/s_rubrique/75/rubrique_pdf_fr_ciel_expo.nuit_mnhn.pdf

Il y a des milliards de ces énormes boules de gaz brûlant dans le ciel. « Le satellite Gaia a cartographié plus d'un milliard d'étoiles.[14] » Et Abram fut appelé à compter ces nombreuses lampes célestes. C'était une merveilleuse leçon d'astronomie. Pendant qu'il était émerveillé par la beauté de ces êtres brillants continuellement au-dessus de sa tête, il entendit Dieu lui dire: « **Telle sera ta postérité**. » Quelle postérité! « **Abram eut confiance en l'Éternel, qui le lui imputa à Justice**. » La contemplation des milliards d'étoiles dans le ciel et la parole de l'Éternel concernant la multiplication exponentielle de sa descendance le transforma radicalement. Il apprit à marcher avec Dieu par la foi, à croire avant de voir. Il savait que Dieu appelle à l'existence les êtres qui n'existent pas encore. Il fut ainsi justifié par la foi. Il devint ainsi le père de la grande doctrine biblique de la justification par la foi, résumée par l'apôtre Paul dans Romains 5:1. La parole de la foi allait produire la multiplication de la postérité d'Abraham.

Genèse 15:7-11 Demeurant dans l'écoute de la révélation de l'Éternel, Abram entendit Dieu lui dire: « **Je suis l'Éternel, qui t'ai fait sortir d'Ur en Chaldée, pour te donner en possession ce pays.** » C'est un rappel du point de départ de sa marche avec Dieu et de l'objectif historique de cette marche. Réalisant que ce que l'Éternel lui disait était très important, Abram lui dit: « **Seigneur l'Éternel, à quoi connaîtrai-je que je le posséderai?** » Quel est le signe attestant que tu me donnes effectivement ce pays?

L'Éternel demanda à Abram de poser un acte spirituel très significatif. Il lui dit: « **Prends une génisse de trois ans, une chèvre de trois ans, un bélier de trois ans, une tourterelle et une jeune colombe.** » Il lui dit de prendre ses animaux et ses oiseaux et le laissa exécuter son ordre. « **Abram prit tous ces animaux, les coupa par milieu, et mit chaque morceau l'un vis-à-vis de l'autre; mais il ne partagea point les oiseaux.** » Il se donnait ainsi totalement à Dieu à travers ces sacrifices. Son vie était totalement consacrée à l'Éternel. Il comprit que Dieu était en train de l'introduire dans son **alliance**. Car **le mon hébreu « BERYITH » signifie littéralement « couper », « contracter »**. Les deux contractants passaient entre les deux morceaux de l'animal coupé pour contracter leur alliance, signer leur traité, établir leur pacte. En partageant la génisse de trois ans, la chèvre de trois ans et le bélier de trois ans en deux morceaux, Abram réalisait qu'il s'engageait tota-

---

[14] https://www.futura-sciences.com/sciences/questions-reponses/galaxie-y-t-il-etoiles-voie-lactee-6915/

lement à mourir à son moi pour vivre en Dieu. Au lieu de brûler lui-même ses sacrifices, il présenta à l'Éternel les trois animaux coupés en deux morceaux et les deux oiseaux morts, comme si c'était lui-même avec son épouse Sara et toute sa postérité qui mourait devant Dieu pour vivre désormais en lui, par lui et pour lui. « **Les oiseaux de proie s'abattirent sur les cadavres, et Abraham les chassa.** » Abram veilla sur les cadavres pendant toute une journée, en chassant continuellement les rapaces. Ces oiseaux de proie représentent les esprits malins chargés d'empêcher les élus de Dieu d'entrer et de demeurer en communion avec l'Éternel. Comme Abram, tout enfant de Dieu a le pouvoir de chasser ces rapaces, les esprits impurs et malins.

Genèse 15:12 « **Au coucher du soleil, un profond sommeil tomba sur Abram; et voici une frayeur et une grand obscurité vinrent l'assaillir.** » Ce profond sommeil vint de Dieu qui donna à Abram un repos bien mérité après son combat spirituel contre les rapaces. Mais, pendant qu'Abram dormait, Dieu vint auprès de lui. D'où la frayeur et la grande obscurité qui l'envahirent. C'était le temps (KAIROS) de Dieu, le temps de la révélation du plan de Dieu pour la descendance d'Abram. Car c'est en ce moment précis qu'il reçut la parole de l'Éternel concernant l'exile de sa descendance en Égypte et l'établissement définitif du peuple de Dieu à Canaan après quatre cents ans. « **Quand le Soleil fut couché, il eut une obscurité profonde; et voici, ce fut une fournaise fumante, et des flammes passèrent entre les animaux partagés.** » Dieu agréa ainsi les sacrifices d'Abram.

« **En ce jour-là, l'Éternel fit alliance avec Abram, et dit: Je donne ce pays à ta postérité, depuis le fleuve d'Égypte jusqu'au grand fleuve, au fleuve d'Euphrate, le pays des Kéniens, des Keniziens, des Kadmoniens, des Héthiens, des Phéréziens, des Rephaïm, des Amoréens, des Cananéens, des Guirgasiens et des Jébusiens.** »

Ce fut le jour où le Seigneur posa la fondation de son alliance avec Abram. Mais, celui-ci devait apprendre à marcher avec lui par la foi jusqu'à la conception du Fils héritier.

# 3. LA MARCHE AVEC DIEU

## De 75 ans à 86 ans

## Genèse 16

Abram était un homme normal comme nous. Même après avoir dit oui à l'appel de Dieu, il est resté un homme vivant dans la chair. Comme tout élu de Dieu, il devait apprendre à marcher avec Dieu par la foi et cesser de se laisser conduire par la chair. Dans Genèse 16, nous retrouvons la lutte entre la chair et l'esprit chez Abram et Saraï. Ce chapitre est une excellente illustration de la tension entre l'esprit et la chair décrite dans Romains au chapitre sept. La stérilité de Saraï fut le plus grand problème de ce couple. Abram attendait depuis l'âge de 75 ans la naissance du fils héritier promis par Dieu. Il avait quatre-vingt-six ans et l'enfant promis ne venait toujours pas. Il ne savait que faire.

Ce récit est un texte très important pour l'accompagnement spirituel des couples frappés par la stérilité. Seul Dieu comprend leur problème. Il est le seul qui peut répondre adéquatement à leurs cris de détresse. Aucun être humain ne peut rendre féconde une personne stérile. Abram et Saraï étaient matériellement comblés, mais avec des cœurs angoissés. Le manque d'enfant les rendait malheureux. Après une longue période d'espérance, le couple commença à chercher une solution réaliste sur le plan scientifique. Saraï s'approcha de son mari et lui dit calmement: « **Voici, l'Éternel m'a rendue stérile; viens je te prie, vers ma servante; peut-être aurai-je par elle des enfants. Abraham écouta Saraï.** »

La démarche de ce couple était tout à fait logique. De nos jours, on parle des mères porteuses aidant les femmes stériles à avoir des enfants de leurs maris. Il existe aussi des hommes stériles qui recourent aux services d'autres hommes pour avoir des enfants avec leurs femmes. À l'époque d'Abraham et de Saraï, les servantes des femmes mariés mettaient au monde des enfants de leurs maîtresses. Ce fut le cas de Bilha et de Zilpa servantes de Rachelle et de Léa qui mirent au monde avec Jacob des fils de leurs maîtresses respectives. C'étaient tout à fait normal et conforme aux us et coutumes de ce temps. En demandant à son mari de faire un enfant avec sa servante Agar, Saraï se conforma aux coutumes de son temps.

Notons en passant le fait que Saraï justifia le recours au service de sa servante en déclarant que c'est Dieu qui l'avait rendue stérile. Mais, elle ne prit pas le temps de réfléchir sur le plan de Dieu pour cette situation. Et pourtant, Dieu leur avait promis la conception et la naissance d'un enfant dans leur couple. L'attente de la réalisation de cette promesse devint de plus en plus longue. Il fallait trouver une solution pratique. « Aide-toi et le ciel t'aidera », n'est-ce pas? Nous sommes tous pareils face aux promesses de Dieu. Nous voulons des réponses instantanées à nos prières. Mais Dieu ne donne pas du « fast food » à ses élus. La suite du chapitre 16 de Genèse nous révèle pourquoi.

« **Abram écouta la voix de Saraï.** » Celle-ci prit Agar, l'Égyptienne, l'Africaine, et la donna pour femme à son mari, après qu'ils eurent habité dix années dans le pays de la promesse. Dix années de marche par la foi, dix années de patience! C'était assez. Abram alla vers Agar, et la jeune femme devint enceinte. « **Quand elle se vit enceinte, elle regarda sa maîtresse avec mépris.** » Agar oublia qu'elle était la servante et non la maîtresse de la maison. Elle se crut supérieure à Saraï, la stérile. Elle devint orgueilleuse. Elle commença peut-être à passer plus de temps avec Abram.

Outragée, Saraï se mit à se plaindre auprès d'Abram en lui disant: «**L'outrage qui m'est fait retombe sur toi. J'ai mis ma servante dans ton sein; et, quand elle a vu qu'elle était enceinte, elle m'a regardée avec mépris. Que l'Eternel soit juge entre moi et toi!** » Dépassé par la réaction de son épouse, Abram lui répondit: « **Voici, ta servante est en ton pouvoir, agis à son égard comme tu le trouveras bon.** » Saraï reçut le feu vert de son mari et se mit à maltraiter sa servante. Humilié et oppressée, Agar s'enfuit au désert loin de sa maîtresse. Épuisée et abandonnée à elle-même, elle s'arrêta près d'une source d'eau dans le désert. Elle ne savait où aller. Elle portait en elle l'enfant du père de la foi, source de bénédiction pour toutes les familles de la terre. Mais ce grand homme, très riche et béni n'était pas capable de la protéger contre la violence de son épouse. Ce grand homme qui parlait avec Dieu par des songes et des visions ne pouvait pas défendre une jeune servante brimée par sa rivale.

Mais le Dieu d'Abram et de Saraï suivait cette femme en détresse. Il l'attendait au désert pour prendre soin d'elle avec sa grossesse. Pendant qu'elle se trouvait près de la source qui est sur le chemin de Schur, l'ange de l'Éternel vint à sa rencontre et lui dit: «**Agar, servante de Saraï, d'où viens-tu, et où vas-tu ? Elle répondit : Je fuis loin de Saraï, ma maîtresse.** » L'ange de l'Éternel engagea un dialogue franc avec l'esclave d'Abram et de Sara. Car elle n'était pas « esclave » devant Dieu, mais fille de Dieu, image de Dieu. C'est pour cette raison que son Créateur lui envoya son ange, son messager, son porte-parole: l'ange de l'Éternel. Beaucoup d'angélologue affirment que cet ange est Jésus-Christ dans l'ancien testament. Mais les textes bibliques et leurs vocabulaires sont très clairs et précis. Dans le livre de l'Apocalypse nous trouvons l'ange messager envoyé par Dieu pour transmettre la révélation de Jésus-Christ à l'apôtre Jean en prison à Patmos. Il s'agit peut-être du même ange de l'Éternel, l'ange qui apporte ses messages, sa parole, sa révélations à ses bien-aimés. Revenons à la rencontre et au dialogue de l'ange de l'Éternel avec Agar dans le désert.

« L'ange de l'Eternel lui dit : **Retourne** vers ta maîtresse, et **humilie-toi** sous sa main. L'ange de l'Eternel lui dit : **Je multiplierai ta postérité**, et elle sera si nombreuse qu'on ne pourra la compter. L'ange de l'Eternel lui dit : **Voici, tu es enceinte, et tu enfanteras un fils, à qui tu donneras le nom d'Ismaël**; car **l'Eternel t'a entendue dans ton affliction**. Il sera comme un âne sauvage; sa main sera contre tous, et la main de tous sera contre lui; et il habitera en face de tous ses frères. Elle appela Atta-El-roï le nom de l'Eternel qui lui avait parlé; car elle dit : Ai-je rien vu ici, après qu'il m'a vue ? C'est pourquoi l'on a appelé ce puits le puits de Lachaï-roï; il est entre Kadès et Bared. »

Cette rencontre eut lieu entre deux visions décisives de l'Éternel à Abram. En effet, au chapitre 15, la parole de l'Éternel fut adressée à Abram dans une vision. En ce jour-là, il fit alliance avec lui, lui donnant la promesse du don de la terre sainte. Au dix-septième chapitre, c'est la grande alliance de Dieu avec Abram, suivi du changement de son nom en Abraham, et de celui de sa femme en Sara, et gravée dans son corps et celui de tous les mâles par la circoncision. La vision de l'ange de l'Éternel par Agar au désert fut comme une lumière surprenante dans le ciel de Saraï et d'Abram assombri par un doute existentiel concernant l'accomplissement de sa promesse.

Agar reçut un message merveilleux de l'ange de l'Éternel. Elle retourna vers sa maîtresse, s'humilia sous sa main, et enfanta un fils à qui Abram donna le nom d'Ismaël, nom que l'ange de l'Éternel révéla à Agar et qui signifie « Dieu entend ». Oui Dieu entend les cris de toute personne en détresse et rejetée par les hommes. Dieu vit la détresse d'Agar quand elle se trouvait seul dans le désert près d'une source d'eau qu'elle nomma « ATTA EL-ROÏ », le nom de l'Éternel qui lui avait parlé. « ATTA EL - ROÏ », « TOI LE DIEU QUI ME VOIT », oui le Dieu d'Abram et de Saraï est le Dieu qui voit toute personne en détresse près de la source d'eau dans le désert de ce monde cynique. « **Abram était âgé de quatre-vingt-six ans quand Agar enfanta Ismaël à Abram.** » Il était à l'école de la foi, luttant jour et nuit contre le doute. Pendant ce temps de doute, l'Éternel ouvrit la porte de la révélation à Hagar l'égyptienne qui dans sa fuite au désert fut rencontrée par l'ange de l'Éternel. Elle retourna chez sa maîtresse Saraï avec une connaissance personnelle et intime du Dieu d'Abram devenu le Dieu qui la voit partout, veille sur elle, écoute ses cris de détresses et exauce ses prières. Le Dieu d'Abram se révéla comme étant le Dieu de la justice, le Dieu des faibles et des oppressés. Abram et Saraï furent surpris de voir Hagar revenir chez eux avec le témoignage puissant de sa rencontre avec l'ange de l'Éternel qui l'ordonna de retourner chez sa maîtresse. Dieu résiste aux orgueilleux, mais il fait grâce aux humbles.

## 4. L'ALLIANCE DE DIEU

### Genèse 17

Treize ans après la crise de Saraï avec Hagar, Abram eut une grande vision de l'Éternel. C'est l'objet du chapitre dix-sept de Genèse, le grand chapitre du changement radical de la vie d'Abram, le merveilleux chapitre de l'alliance de Dieu avec Abram, le chapitre du nouveau départ d'Abram et de Saraï. Nous divisons ce chapitre en trois sections:

Genèse 17:1-16 L'alliance de Dieu et sa grande promesse.

Genèse 17:17-21 Le doute d'Abraham et la révélation de Dieu.

Genèse 17:22-27 Dieu s'élève et Abraham pratique la circoncision.

## A. L'ALLIANCE DE DIEU ET SA GRANDE PROMESSE

### Genèse 17:1-16

Dieu commence par mettre le point sur les « i » et les barres sur les « t ». Il apparait à Abram alors qu'il est âgé de quatre-vingt-dix-neuf ans et lui dit: « **Je suis El Shaddai, le Dieu Tout-Puissant. Marche devant ma face, et sois intègre.** » Dans cette nouvelle révélation l'Éternel se présente comme étant le Dieu Tout-Puissant, le Dieu dont la puissance est illimitée. Je suis le Dieu qui peut tout. Je n'ai pas besoin de votre aide pour accomplir mes projets et mes promesses. Je suis capable de donner des enfants à ta femme qui est stérile. Tu n'avais pas besoin de passer par Hagar pour avoir l'enfant de la promesse. Désormais, tu vas marcher devant ma face, et demeurer intègre. Tu marcheras les yeux fixés sur ma face, car je suis ta lumière et ton salut. Tu suivras ma lumière, ma direction, mon chemin. Sois intègre. Marche devant ma face et sois fidèle, juste, droit. Marche dans ma lumière. Marche dans ma sagesse. Marche dans mon amour. Marche dans la foi et l'assurance, car je suis le Dieu Tout-Puissant. Tu peux compter sur moi.

« **J'établirai mon alliance entre moi et toi, et je te multiplierai à l'infini**. » Je vais établir un pacte éternel entre toi et moi. Rien ne pourra me séparer de toi. Je te multiplierai à l'infini comme je te l'avais promis dès le premier jour de ta marche avec moi. Aujourd'hui tout change dans ta vie, ton foyer, ton entreprise, ton histoire, votre ta destinée. Car, désormais tu fais partie de mon être, de mon histoire et de ma vie éternelle.

« **Abram tomba sur sa face; et Dieu lui parla, en disant: Voici mon alliance, que je fais avec toi. Tu deviendras père d'une multitude de nations.** »

Abram tomba en amour avec Dieu. Il l'adora. Il tomba sur sa face, en écoutant les paroles de l'Éternel. Profondément touché, il demeura à l'écoute du Seigneur Dieu qui lui dit: « **On ne t'appellera plus Abram; mais ton nom sera Abraham, car je te rends père d'une multitude de nations. Je te rendrai fécond à l'infini, je ferai de toi des nations; et des rois sortiront de toi.** »

On ne t'appellera plus Abram, fils de Térah, Chaldéen, marié à sa demi-soeur Saraï qui est stérile, incapable d'avoir un héritier de ses propres reins. Tu ne seras plus « père élevé » comme le dit ton nom Abram. Tu t'appelleras désormais Abraham, père d'une multitude de nations. D'aucun affirme que le patriarche devint ainsi les pères d'Israël, des Arabes, des musulmans et des chrétiens. Mais le contexte historique pointe vers les nations, les ethnos en grec. Dieu fit de lui le père d'une multitude de groupes humains couverts par sa bénédiction. Car en lui sont bénies toutes les familles de la terre. C'est vers toutes les nations que l'héritier d'Abraham enverra ses ambassadeurs faire des disciples, des fils et des filles descendant du patriarche par la foi au Messie d'Israël et du monde. Telle est la signification profonde des paroles de l'alliance que Dieu établit avec Abraham.

« J'établirai **mon alliance** entre moi et toi, et tes descendants après toi, selon leurs générations: ce sera **une alliance perpétuelle**, en vertu de laquelle je serai ton Dieu et celui de ta postérité après toi. Je te donnerai, et à tes descendants après toi, le pays que tu habites comme étranger, tout le pays de Canaan, en possession perpétuelle, et je serai leur Dieu. »

**J'établis mon alliance entre toi et moi, et tes descendants après toi, de génération en génération**. C'est mon alliance, mon engagement solennel, mon pacte perpétuel avec toi et tous tes descendants. En vertu de cette alliance, je serai ton Dieu, ton seul Dieu, ton Seigneur et ton Roi, ton Père et ton protecteur, ton Berger qui pourvoira à tous tes besoins et sera toujours avec toi et tes descendants, selon leurs générations. Je serai ton Dieu et celui de ta postérité après toi. Et la Bible nous dit qu'Abraham n'a qu'une seule postérité. C'est Christ, le Messie d'Israël et du monde. Par conséquent, tous ceux qui sont en Christ sont la postérité d'Abraham. Le Dieu de leur père est aussi leur Dieu. Galates 3:26-29 « **Car vous êtes tous fils de Dieu par la foi en Jésus Christ; vous tous, qui avez été baptisés en Christ, vous avez revêtu Christ. Il n'y a plus ni Juif ni Grec, il n'y a plus ni esclave ni libre, il n'y a plus ni homme ni femme; car tous vous êtes un en Jésus Christ. Et si vous êtes à Christ, vous êtes donc la postérité d'Abraham, héritiers selon la promesse.** » C'est une alliance divine, solide, éternelle et universelle, valable pour toute la postérité d'Abraham.

Que devait faire Abraham pour s'approprier cette alliance et l'appliquer sur toute sa postérité? La réponse à cette question fut donnée par Dieu à travers cette exhortation à Abraham, l'être humain transformé, le père élevé devenu père d'une multitude de nations.

« **Dieu dit à Abraham: Toi, tu garderas mon alliance, toi et tes descendants après toi, selon leurs générations. C'est ici mon alliance, que vous garderez entre moi et vous, et ta postérité après toi: tout mâle parmi vous sera circoncis. Vous vous circoncirez; et ce sera un signe d'alliance entre moi et vous. A l'âge de huit jours, tout mâle parmi vous sera circoncis, selon vos générations, qu'il soit né dans la maison, ou qu'il soit acquis à prix d'argent de tout fils**

**d'étranger, sans appartenir à ta race. On devra circoncire celui qui est né dans la maison et celui qui est acquis à prix d'argent; et mon alliance sera dans votre chair une alliance perpétuelle. Un mâle incirconcis, qui n'aura pas été circoncis dans sa chair, sera exterminé du milieu de son peuple: il aura violé mon alliance.** »

Toi Abraham, tu garderas mon alliance, tu la conserveras, toi et tes descendants après toi, selon leurs générations. C'est une alliance générationnelle, une alliance perpétuelle, un don de Dieu qu'Abraham et sa postérité doivent garder. C'est ici mon alliance, dit l'Éternel; c'est ici l'alliance que vous garderez entre moi et vous, et ta postérité après toi: « **Tout mâle sera circoncis** ». Votre corps portera la marque indélébile de cette alliance. Dès l'âge de huit jours, tout mâle parmi vous sera circoncis, de génération en génération, qu'il soit étranger ou esclave dans votre maison. Car cette alliance n'est pas de nature raciale, mais spirituelle. Par conséquent aucun mâle dans ta maison ne sera incirconcis.

La circoncision est le signe physique corporel de cette alliance comme l'arc-en-ciel est signe cosmique de l'alliance de Dieu avec Noé et tous les êtres vivants. Cette circoncision deviendra un sujet important dans la relation de Dieu avec son peuple. Car aucun ne pourra marcher dans l'intégrité devant sa face s'il n'est circoncis de cœur. Tout être humain doit passer par la table de la chirurgie de cœur pour appartenir à la postérité d'Abraham. Romains 2:28-29 «**Le Juif, ce n'est pas celui qui en a les dehors; et la circoncision, ce n'est pas celle qui est visible dans la chair. Mais le Juif, c'est celui qui l'est intérieurement; et la circoncision, c'est celle du cœur, selon l'esprit et non selon la lettre. La louange de ce Juif ne vient pas des hommes, mais de Dieu**.» Suis-je circoncis de cœur? Ai-je reçu un cœur nouveau et un esprit nouveau de la part du Père céleste pour garder son alliance dans mon corps, mon âme, et mon esprit? En devenant Abraham, le patriarche fut circoncis de cœur. Il reçut un cœur nouveau et un esprit nouveau. Son corps fut physiquement marqué par cette alliance divine. Dieu transforma radicalement sa vie, sa personne, sa personnalité, son caractère et toute son existence.

Le Seigneur Dieu ne s'arrêta pas au patriarche, car il ne fait jamais les choses à moitié. Il se tourna encore vers Abraham pour lui parler au sujet de son épouse. Il lui dit: « **Tu ne donneras plus à Saraï, ta femme, le nom de Saraï; mais son nom sera Sara. Je la bénirai, et je te donnerai d'elle un fils; je la bénirai, et elle deviendra des nations; des rois de peuples sortiront d'elle.** »

Saraï, ma princesse, s'appellera désormais Sara, princesse, une source matriarcale sans limitation. Elle sera la princesse de tous. Je la bénirai, je te donnerai d'elle un fils béni, le fils de l'alliance. Je la bénirai tellement qu'elle deviendra des nations, des multitudes d'ethnies; des rois de peuples sortiront d'elle. Elle ne sera plus stérile.

## B. LE DOUTE D'ABRAHAM
## Genèse 17:17-21

Agé de 99 ans, avec une épouse âgée de 89 ans, Abraham savait qu'il ne pouvait engendrer un fils de son couple. Seul le Dieu Tout-Puissant pouvait permettre la réalisation d'un tel exploit. Quand Abraham entendit Dieu déclarer que Saraï devenue Sara allait donner naissance à un fils, il tomba sur sa face et rit, en disant dans son cœur: « Naîtrait-il un fils à un homme de cent ans? et Sara, âgée de quatre-vingt-dix ans, enfanterait-elle? » Il finit par dire au Seigneur Dieu: « **Oh! qu'Ismaël vive devant ta face!** » Autrement dit, nous t'avons aidé à réaliser ta promesse à travers la naissance d'Ismaël. Qu'il vive devant ta face et soit le fils de l'alliance.

Mais Dieu prit soin de clarifier sur le champ cette question en donnant à Abraham une révélation claire et précise en ces mots: « **Dieu dit: Certainement Sara, ta femme, t'enfantera un fils; et tu l'appelleras du nom d'Isaac.** J'établirai mon alliance avec lui comme une alliance perpétuelle pour sa postérité après lui. A l'égard d'Ismaël, je t'ai exaucé. Voici, je le bénirai, je le rendrai fécond, et je le multiplierai à l'infini; il engendrera douze princes, et je ferai de lui une grande nation. J'établirai mon alliance avec Isaac, que Sara t'enfantera à cette époque-ci de l'année prochaine. »

C'était plus qu'une prophétie. Car Dieu révéla à Abraham le nom du fils que Sara devait accoucher, l'époque et l'année de sa naissance. Le doute d'Abraham commença à disparaitre. La parole de l'alliance fut aussi la parole de la révélation de la postérité d'Abraham. Le nom du fils de l'alliance signifie « il rit ». La venue au monde d'Isaac ouvrira la voix au bonheur éternel de toute la postérité d'Abraham.

## DIEU S'ÉLÈVA ET ABRAHAM PRATIQUA LA CIRCONCISION

### Genèse 17:22-27

« **Lorsqu'il eut achevé de lui parler, Dieu s'éleva au-dessus d'Abraham**. »

Quelle merveilleuse expérience que fit Abraham quand il vit Dieu s'élever au-dessus de lui. Il vit le Dieu Tout-Puissant aller vers son trône dans le ciel. C'était merveilleux. Il était heureux de commencer à marcher fidèlement devant la face de Dieu. Il se retourna, prit Ismaël, âgé de 13 ans, le circoncis avec tous ceux qui étaient dans sa maison, tous ceux qu'il avait acquis à prix d'argent, tous les mâles parmi les gens de sa maison. Il fut lui-même circoncis alors qu'il était âgé de quatre-vingt-dix-neuf ans. C'est ainsi que tous les mâles vivant dans sa maison reçurent le signe de l'alliance de Dieu dans leur corps. Et ce signe s'applique encore aujourd'hui chez tous les descendants biologiques d'Abraham.

L'alliance de Dieu avec Abraham a une signification profonde pour le corps de tout enfant de Dieu. Si dans l'alliance avec Noé, Dieu voulut marquer toute la création en plaçant l'arc dans la nue comme signe de sa fidélité et de sa protection contre toute destruction des êtres vivants par le déluge, dans son alliance avec Abraham, il plaça le signe de son pacte dans le corps humain, dans l'organe mâle qui donne la vie. La circoncision est ainsi le signe qui marque la consécration totale de nos corps et de nos vies à Dieu, le Seigneur de toute la création et de tout notre être.

La circoncision biblique pointe vers Romains 12: 1-2 « **Je vous exhorte donc, frères, par les compassions de Dieu, à offrir vos corps comme un sacrifice vivant, saint, agréable à Dieu, ce qui sera de votre part un culte raisonnable. Ne vous conformez pas au siècle présent, mais soyez transformés par le renouvellement de l'intelligence, afin que vous discerniez quelle est la volonté de Dieu, ce qui est bon, agréable et parfait.** »

Par sa circoncision, Abraham offrit son propre corps à Dieu comme un sacrifice vivant, saint, agréable à Dieu. Ce qui fut pour sa part un culte raisonnable, plein de signification. Car il arrêta de se conformer au siècle présent et fut transformé par le renouvellement de l'intelligence, afin de discerner quelle était la volonté de Dieu pour lui, son couple, sa famille, son entreprise, sa prospérité. Il devint ainsi capable de connaitre ce qui est bon, agréable et parfait devant Dieu.

# III. L'ALLIANCE DE SANG AVEC MOÏSE AU MONT SINAÏ

## 1. LA DÉLIVRANCE DU PEUPLE DE DIEU

## 2. L'ALLIANCE DE FEU ET LA MINTÉE VERS DIEU

## 3. LE SANG DE L'ALLIANCE.

## 4. LA MONTÉE CONTINUE

## 1. LA DÉLIVRANCE DU PEUPLE DE DIEU

L'alliance de l'Éternel dans le désert, devant la montagne de Sinaï, est appelée l'alliance juridique ou la BERIYTH de la loi résumée dans les dix paroles de deux tables reçues par Moïse au sommet de la montagne couverte de la nuée de la gloire du Seigneur Dieu. Cette alliance fut établie avec toutes les douze tribus d'Israël constituée en nation sainte destinée par Dieu au sacerdoce royale - Exode 19:5-6. Pour entrer dans sa destinée, le peuple de Dieu devait sortir de l'esclavage des dieux de l'Egypte. Dieu le délivra conformément à son alliance avec Abraham, Isaac et Jacob. Lors de son apparition à Moïse dans le buisson en feu, il se présenta comme étant le Dieu de son père, le Dieu d'Abraham, le Dieu d'Isaac et le Dieu de Jacob - Exode 3:6. Dans Exode 2:23-25, il est écrit: «Longtemps après, le roi d'Égypte mourut, et les enfants d'Israël gémissaient encore sous la servitude, et poussaient des cris. Ces cris, que leur arrachait la servitude, montèrent jusqu'à Dieu. **Dieu entendit leurs gémissements, et se souvint de son alliance avec Abraham, Isaac et Jacob**. Dieu regarda les enfants d'Israël, et il en eut compassion. »

Dieu entendit les cris des enfants d'Israël gémissant sous l'esclavage en Égypte, et il se souvint de son alliance avec Abraham, Isaac et Jacob. C'est sur la base de cette alliance dont le signe était gravé sur le corps de tous les mâles que Dieu vint au secours de son peuple à travers un homme âgé de quatre-vingts ans, fatigués et découragés, fuyant le Pharaon depuis quarante ans. Un ancien prince d'Égypte et un meurtrier en exile chez un prêtre Madian, ayant totalement oublié son peuple et marié à l'une de sept fille de ce prêtre, fut surpris par une vision céleste devant un buisson en feu. S'approchant de ce buisson pour voir ce qui se passait devant lui, il entendit une voix étrange, une voix à la fois puissante et merveilleuse, la voix d'El Shaddai qui se révéla sous un nouveau nom: « JE SUIS CELUI QUI SUIS. »

Investi de sa force, de son pouvoir et de sa puissance, le vieillard retourna en Égypte accomplir la volonté de Dieu selon en suivant des instructions claires et précises et en utilisant un simple bâton qu'il se servait jadis pour marcher. Le combat pour la libération des enfants d'Israël dura moins d'un an. El Shaddai démontra à Moïse qu'il est le « JE SUIS QUI SUIS ». Il est celui qui est par lui-même et donne la vie, l'être et le mouvement à tous les êtres vivants. Il est celui qui est capable de créer des nations et des peuples avec des gens sans force ni pouvoir. Dix plaies infligées au grand empire de Pharaon suffirent pour détruire toutes ses forteresses. Avec la dernière plaie, Dieu exerça ses jugements cotre tous les dieux de l'Égypte et neutralisa leur emprise sur son peuple. Ce fut la plaie de la mort de tous les premiers-nés de chaque famille du pays d'Égypte, dont l'aîné de Pharaon en étaient l'incarnation vivante. La nuit où l'ange de Dieu passa pour donner la mort à tous les premiers-nés en Égypte, les ainés de toutes les maisons d'Israël furent protégés par le sang de l'agneau pascal mis sur les deux poteaux et sur le linteau de chaque porte. C'était la démonstration de la puissance protectrice de l'alliance de sang avec Dieu.

Après la sortie de l'Égypte, les enfants d'Israël devaient traverser la mer rouge. Ne sachant que faire devant cette mer en furie, ils risquent de retourner en Égypte subir les affres de l'esclavage de leur maître. Mais Dieu avait tout prévu avant la fondation du monde. Poursuivi par Pharaon et son armée, les enfants d'Israël voulurent rentrer en Égypte. Ils ne connaissaient pas le secret divin de l'Alliance avec Abraham, Isaac et Jacob. Mais Moïse détenait cette révélation que « JE SUIS CELUI QUI SUIS » prit soin de lui communiquer au désert.

Voici ce qui se passa quand Israël était entre la mer rouge et les armées de Pharaon: Exode 14:9-14 «Les Égyptiens les poursuivirent; et tous les chevaux, les chars de Pharaon, ses cavaliers et son armée, les atteignirent campés près de la mer, vers Pi Hahiroth, vis-à-vis de Baal Tsephon. Pharaon approchait. Les enfants d'Israël levèrent les yeux, et voici, les Égyptiens étaient en marche derrière eux. Et les enfants d'Israël eurent une grande frayeur, et crièrent à l'Éternel. Ils dirent à Moïse: N'y avait-il pas des sépulcres en Égypte, sans qu'il fût besoin de nous mener mourir au désert? Que nous as-tu fait en nous faisant sortir d'Égypte? N'est-ce pas là ce que nous te disions en Égypte: Laisse-nous servir les Égyptiens, car nous aimons mieux servir les Égyptiens que de mourir au désert? Moïse répondit au peuple: Ne craignez rien, restez en place, et regardez la délivrance que l'Éternel va vous accorder en ce jour; car les Égyptiens que vous voyez aujourd'hui, vous ne les verrez plus jamais. »

La foi de Moïse enracinée dans la révélation du buisson ardent sauva le peuple de Dieu. Il étendit son bâton sur la mer et la fendit. Les enfants d'Israël entrèrent sur l'autoroute et marchèrent à pieds secs. Pharaon et toute son armée, avec ses chars et ses cavaliers, le poursuivaient. Mais l'ange de l'Éternel qui allait devant Israël, se mit derrière et sépara le peuple de Dieu de ses ennemis jusqu'à la fin de la traversée. Puis la mer se referma et Pharaon fut englouti dans les eaux avec toutes ses armes et toute son armée. La libération du peuple de Dieu était totale. Israël; était libre et pouvait adorer l'Éternel dans le désert où l'Éternel l'attendait pour établir une alliance éternel avec son peuple.

## 2. L'ALLIANCE DE FEU

Après la traversée triomphale de la mer rouge et le temps de louange et d'actions de grâces aux sons des tambourins de Marie, la prophétesse, et de toutes les femmes d'Israël, le peuple de Dieu commença à faire face aux rudes réalités du grand désert de Sinaï. De l'eau amer partout, pas assez de nourriture pour tous, la joie de la traversée de la mer rouge disparue très vite pour faire place aux murmures du peuple contre Moïse et son fameux « JE SUIS CELUI QUI SUIS ». Mais l'Éternel vint au secours de son peuple et pourvu à tous ses besoins. Exode 16:35 « Les enfants d'Israël mangèrent la manne pendant quarante ans, jusqu'à leur arrivée dans un pays habité; ils mangèrent la manne jusqu'à leur arrivée aux frontières du pays de Canaan. »

## LA MONTÉE DE MOÏSE VERS ELOHIM

Exode 19:1 - « Le troisième mois après leur sortie du pays d'Égypte, les enfants d'Israël arrivèrent ce jour-là au désert du Sinaï. » C'était le lieu de rendez-vous avec le Dieu d'Abraham, d'Isaac et de Jacob, presqu'au même endroit où Moïse vit le buisson ardent dont la flamme ne s'éteignait pas. Trois mois après la sortie de l'Égypte, le peuple campa vi-à-vis de la montagne sainte.

Dès qu'ils arrivèrent à cet endroit précis, Moïse monta vers Dieu. Car l'Éternel l'appela du haut de la montagne pour lui transmettre sa parole destinée à la maison de Jacob, à son peuple qu'il a lui-même créé. Moïse monta vers Dieu au lieu d'attendre que Dieu descende au bas de la montagne. Il monta vers « JE SUIS CELUI QUI SUIS » pour entendre sa parole pleine de grâce et de gloire. Moïse savait que Dieu était sur cette montagne pour le rencontrer avec tout son peuple. Moïse monta vers Elohim. C'est le nom de Dieu que l'auteur utilise pour parler de la montée de Moïse vers Dieu. Il mont vers le Créateur du monde et d'Israël.

Arrivée au sommet de la montagne, il entendit l'Éternel lui dire: Exode 19:4-6 « Vous avez vu ce que j'ai fait à l'Égypte, et comment je vous ai portés sur des ailes d'aigle et amenés vers moi. Maintenant, si vous écoutez ma voix, et si vous gardez mon alliance, vous m'appartiendrez entre tous les peuples, car toute la terre est à moi; vous serez pour moi un royaume de sacrificateurs et une nation sainte. Voilà les paroles que tu diras aux enfants d'Israël. » Elohim parla à Moïse en tant que l'Éternel Dieu qui n'a ni commencement ni fin. La montagne de Sinaï se transforma en siège de Dieu.

Cette montagne bien qu'existant réellement sur cette terre est un lieu symbolique; un lieu pleine de signification. Dieu nous invite encore aujourd'hui à voter vers lui au sommet de sa sainte montagne pour entendre sa parole destinée à son peuple. Montons vers lui dans l'Esprit. Montons dans la foi, l'espérance et l'amour du Seigneur Jésus-Christ. Mettons-nous sur les traces de Moïse et montons jusqu'au sommet de la montagne.

Voici les paroles que Moïse reçut sur la montagne pour le peuple de Dieu, Israël - Exode 19:3-13. Puis il descendit de la montagne vers le peuple. Il sanctifia le peuple. Tous les enfants d'Israël lavèrent leurs vêtements. Ils se repentirent de leurs transgressions et se purifièrent avec l'eau pure de la parole de vie. Ils se mirent tous à l'écoute de la voix de Dieu à travers son serviteur Moïse qui leur dit: Exode 19:15 « Soyez prêts dans trois jours; ne vous approchez d'aucune femme. »

Le troisième jours au matin, le feu descendit du haut de la montagne; il eut des coups de tonnerre, des éclairs, et une épaisse nuée sur la montagne. La montagne de Sinaï était tout en fumée. Le Grand Dieu de l'univers descendait vers son peuple pour lui parler directement et lui transmettre ses dix paroles, sa loi, ses principes de vie. Tout le monde tremblait. Mais Moïse parlait avec Dieu. Dieu lui répondait à haute voix. Exode 19:19-21 **«Ainsi l'Éternel descendit sur la montagne de Sinaï, sur le sommet de la montagne; l'Éternel appela Moïse sur le sommet de la montagne. Et Moïse monta. L'Éternel dit à Moïse: Descends, fais au peuple la défense expresse de se précipiter vers l'Éternel, pour regarder, de peur qu'un grand nombre d'entre eux ne périssent. »**

# LE DÉCALOGUE OU LES DIX PAROLES DE DIEU

## Exode 20:1-17

Celui qui ne reconnait pas l'importance de ces dix paroles ne saurait vivre dans la présence de Dieu et marchait avec lui. Ces dix paroles furent transmise au peuple élu pour l'éclairer dans sa marche sur cette terre pleine des ténèbres. Dieu prononça ces parole en tant que l'Éternel, le Dieu qui fit sortir Israël de la servitude de l'Égypte. Le pays de l'esclavage était plongé dans l'idolâtrie. D'où la raison d'être de la première parole du décalogue éclairant le peuple de Dieu concernant la foi en un seul Dieu, Créateur des cieux et de la terre, Père et Roi éternel d'Israël. Toutes les dix paroles que nous reproduisons ci-dessous son fondées sur l'adoration du seul et vrai Dieu de tout l'univers.

**Alors Dieu prononça toutes ces paroles, en disant:**
**Je suis l'Éternel, ton Dieu, qui t'ai fait sortir du pays d'Égypte, de la maison de servitude.**
**1. Tu n'auras pas d'autres dieux devant ma face.**

**2. Tu ne te feras point d'image taillée, ni de représentation quelconque des choses qui sont en haut dans les cieux, qui sont en bas sur la terre, et qui sont dans les eaux plus bas que la terre.**
**Tu ne te prosterneras point devant elles, et tu ne les serviras point; car moi, l'Éternel, ton Dieu, je suis un Dieu jaloux, qui punis l'iniquité des pères sur les enfants jusqu'à la troisième et la quatrième génération de ceux qui me haïssent, et qui fais miséricorde jusqu'en mille générations à ceux qui m'aiment et qui gardent mes commandements.**

**3.Tu ne prendras point le nom de l'Éternel, ton Dieu, en vain; car l'Éternel ne laissera point impuni celui qui prendra son nom en vain.**

**4. Souviens-toi du jour du repos, pour le sanctifier.**
**Tu travailleras six jours, et tu feras tout ton ouvrage. Mais le septième jour est le jour du repos de l'Éternel, ton Dieu: tu ne feras aucun ouvrage, ni toi, ni ton fils, ni ta fille, ni ton serviteur, ni ta servante, ni ton bétail, ni l'étranger qui est dans tes portes. Car en six jours l'Éternel a fait les cieux, la terre et la mer, et tout ce qui y est contenu, et il s'est reposé le septième jour: c'est pourquoi l'Éternel a béni le jour du repos et l'a sanctifié.**

**5. Honore ton père et ta mère, afin que tes jours se prolongent dans le pays que l'Éternel, ton Dieu, te donne.**

**6. Tu ne tueras point.**

**7. Tu ne commettras point d'adultère.**

**8. Tu ne déroberas point.**

**9. Tu ne porteras point de faux témoignage contre ton prochain.**

**10. Tu ne convoiteras point la maison de ton prochain; tu ne convoiteras point la femme de ton prochain, ni son serviteur, ni sa servante, ni son boeuf, ni son âne, ni aucune chose qui appartienne à ton prochain.**

**Tout le peuple entendait les tonnerres et le son de la trompette; il voyait les flammes de la montagne fumante. A ce spectacle, le peuple tremblait, et se tenait dans l'éloignement.**

Après avoir reçu ces puissances et précieuses paroles de Dieu, une problème sérieux se posait dans le coeur de tous. Qui pouvait respecter scrupuleusement ces dix commandements? Qui étaient capable d'ajuster sa vie à tous ses commandements et de ne jamais transgresser une seul? Personne. Nous reviendrons à cette question et à notre réponse quand nous aborderons la nouvelle alliance avec Jésus le Messie. Pour le moment restons autour de la montagne de Sinaï pour voir ce que fit Moïse pour assurer l'enracinement de l'alliance de Dieu dans les coeurs des enfants d'Israël.

## 3. LE SANG DE L'ALLIANCE
## Exode 24:1-8

Le chapitre vingt-quatre d'Exode commence par cette parole: « Dieu dit à Moïse: Monte vers l'Éternel, toi et Aaron, Nadab et Abihu, et soixante- dix anciens d'Israël. Et vous vous prosterner de loin. Moïse s'approchera seul de l'Éternel; les autres ne s'approcheront pas, et le peuple ne montera point avec lui. » Quelle grâce pour Moïse. Il fut le seul élu par Dieu pour monter dans sa présence. Le seul qui parlait avec Dieu de bouche à bouche.

Après avoir rapporter et écrit toutes les paroles de l'Éternel, Moïse bâtit un autel au pied de la montagne, et dressa douze pierre pour les douze tribus d'Israël. Ainsi vint le temps de l'alliance de Dieu avec tout son peuple. Moïse envoya des jeunes hommes, enfants d'Israël, pour offrir à l'Éternel des holocaustes, et immoler des taureaux en sacrifices d'actions de grâces. Car le peuple de Dieu devait rendre grâce à l'Éternel qui l'avait choisit parmi tant de nations sur la terre. Sommes-nous conscient du privilège que nous avons d'avoir été sauvés, élus, mis à part par Dieu en Jésus-Christ, lavés par le Sang de l'Agneau et oint du Saint-Esprit? Sommes-nous conscients que nous sommes bénis de connaître le seul chemin qui mène à la vie éternelle? Si oui, rendons grâces au Seigneur Dieu et remercions-le sans cesse pour son amour envers nous.

Moïse réunit tout le peuple autour de l'autel qu'il bâtit devant Dieu et prit la moitié du sang qu'il mit dans le bassin; il le répandit l'autre moitié sur l'autel. Il présenta ainsi le sang de la vie à l'Éternel. Ce sang représentant toutes les vies d'Israël. Puis il prit le livre de l'alliance, et le lut en présence du peuple. C'était très solennel. Tous les enfants d'Israël dirent: « **Nous ferons tout ce que l'Éternel a dit, et nous obéirons.** »

C'est après avoir écouté cet engagement du peuple élu que « Moïse prit le sang et le répandit sur le peuple, en disant: **Voici le sang de l'alliance que l'Éternel a faite avec vous selon toutes ces paroles** »

Voici le sang de l'alliance, le sang du pacte de Dieu avec vous, le sang du mariale de Dieu avec Israël. Désormais, l'Éternel est ton Dieu et tu es son peuple. Uni éternellement avec lui, Israël n'aura qu'un seul Dieu. « Voici le sang de l'Alliance que l'Éternel a faite avec vous selon ces paroles ». L'alliance de Dieu avec Israël était basée sur le décalogue, les dix paroles que Jésus ramena à deux paroles: « Aimez Dieu de tout ton être, aimez le prochain comme toi-même ». Les dix paroles résumées en deux paroles nous ramènent sans cesse à notre relation avec notre Créateur et notre Rédempteur. Le problème de l'humanité et du peuple d'Israël est de rester en relation intime avec le seul et vrai Dieu de tout l'univers. C'est pour sceller éternellement cette relation que Moïse répandit le sang sur le peuple de Dieu en disant: « Voici le sang de l'alliance que l'Éternel a faite avec vous selon toutes ces paroles. » C'est une alliance de sang, une alliance éternelle, une alliance perpétuelle de Dieu avec son peuple.

## 4. LA MOTÉE CONTINUE DE MOÏSE
### Exode 24:9-18

Les dix derniers versets d'Exode 24 nous surprennent. En principe après avoir répandit le sang de l'alliance sur le peuple, la cérémonie était terminée et Moïse pouvait prendre un peu de repos parmi les enfants d'Israël au pieds de la montagne sainte. Mais non! Moïse monta avec Aaron, Nadab et Abihu, et soixante -dix anciens d'Israël. Car ils avaient un rendez-vous spécial avec Dieu. Il montèrent tous ensemble vers Dieu après leur purification par le sang du sacrifice. Ils virent Dieu, le Dieu d'Israël dans sa splendeur. Sous ses pieds, c'était comme un ouvrage de saphir transparent, comme le ciel lui-même dans sa pureté. Il n'étendit point sa main sur l'élite des enfants d'Israël. Il leur révéla une dimension de sa gloire. Ils virent tous Dieu, et ils mangèrent et burent dans sa présence. C'était pour ainsi dire l'inauguration de la communion avec Dieu, de la sainte cène que le Fils de Dieu institua lors de sa dernière nuit sur cette terre. Voudriez-vous monter ensemble dans le présence de Dieu et contempler sa magnificence? Approchez-vous de Dieu, dit la Bible, et il s'approchera de vous. Montez dans sa présence et vous verrez sa gloire. Oui vous le verre ensemble, et vous mangerez la pain de vie et boirez le vin du royaume dans sa présence.

Après cette merveilleuse expérience, l'Éternel dit à Moïse: Monte vers moi sur la montagne, et reste là: Je te donnerai des tables de pierre, la loi et les ordonnances que j'ai écrites pour leurs instructions. » Quelle révélation: Dieu écrit lui-même sur des tables de pierre sa loi pour instruire son peuple. Mais pour recevoir ces deux tables de pierre Moïse devait monter sur la montagne, et rester là. Cette révélation nous enseigne une leçon spirituelle sur l'écoute et l'attente devant Dieu dans la prière. Nous sommes souvent pressés de dire amen et de quitter le lieu de la prière aussitôt que nous avons finit de lui parler. Mais Dieu veut nous parler. Il veut écrire sa parole dans nos coeurs. C'est pour cette raison qu'il nous demande de monter dans sa présence sur la montagne sainte, de monter dans l'Esprit, de monter dans la foi et dans l'amour du Père en Jésus le Messie, de monter jusqu'au sommet de la montagne, de monter encore et encore et de rester là, dans sa présence.

C'est ce que fit Moïse. Il se leva, avec Josué qui le servait, et il monta sur la montagne de Dieu, malgré son âge très avancé. Il monta sur la montagne de Dieu. Montons aujourd'hui sur la montagne de Dieu, car le Dieu de l'alliance est le Dieu de la sainte montagne. Il nous invite à monter vers lui, à monter dans sa présence. Ne restons pas au bas de la montagne écouter les nouvelles contradictoires de ce monde. Ne restons pas au bas de la montagne discuter sur le passé, le présent et l'avenir de ce monde, de notre église ou de notre nation. Montons dans sa présence pour recevoir sa révélation sur le passé, le présent et l'avenir de ce monde. Montons dans sa présence pour entrer dans sa gloire et notre destinée.

Moïse confia les responsabilités socio-politiques d'Israël à Aaron et Hur. Il leur dit restez ici avec le peuple de Dieu pour vous occuper de leurs différents. Moi, je vais monter sur la sainte montagne, car l'éternel m'attend au sommet. Moïse monta sur la montagne, et la nuée de la gloire de Dieu couvrit la montagne. La gloire de l'Éternel reposa sur le mont Sinaï, et la nuée le couvrit pendant six jours. Le septième jour, l'Éternel appela Moïse du milieu de la nuée. Moïse était déjà au sommet de la montagne. Mais Dieu l'appela encore à montée dans sa présence. Il l'appela du milieu de la nuée. Il l'appela dans sa gloire. L'aspect de sa gloire était comme une feu dévorant sur le sommet de la montagne, aux yeux des enfants d'Israël. Ils avaient tous peur de regarder ce feu dévorant, le feu de la sainteté de Dieu, le feu de sa gloire magnifique. Mais Moïse n'avait pas peur de ce feu. Il adorait Dieu et voulait voir sa gloire et demeurer dans sa présence. Il entra au milieu de la nuée et monta sur la sainte montagne. Il était dans la présence de « JE SUIS CELUI QUI SUIS ». « Moïse demeura sur la montagne quarante jour jours et quarante nuits. »

Moïse était ainsi dans l'alliance de Dieu, en intimité avec Dieu. L'alliance de sang conduisit Moïse jusqu'au sommet de la gloire de Dieu. C'est l'objectif de ce message biblique sur le Dieu de l' alliance. Il dit à chacun de ses enfants: Monte vers moi, monte sur ma sainte monte, monte dans l'Esprit, prier jusqu'à ce que tu adores to Père céleste en esprit et en vérité. Adore ton Dieu jusqu'à ce que tu entendras sa voix. Viens sur la sainte montagne et reste là dans sa présence. Reste là jusqu'à ce que tu verras la gloire de Dieu.

# IV. L'ALLIANCE ROYALE PROPHÉTIQUE AVEC DAVID
## 1 Samuel 16 à 2 Samuel 23:1-5

1. **LA PRÉSENCE DANS LA VIE DE DAVID**
2. **L'ARCHE DANS LA TENTE DE DAVID**
3. **LE PROJET DE DAVID ET L'ALLIANCE ROYALE PROPHETIQUE**

# DAVID ET L'ONCTION ROYALE

David ne chercha jamais à devenir chef ou roi d'Israël. L'onction royale vint vers lui alors qu'il s'occupait du troupeau de son père. Son pays traversait en cette époque une crise spirituelle et politique très profonde. Le tout premier roi d'Israël rejeté par Dieu à cause de sa désobéissance perdit son onction royale et était agité par un mauvais esprit que l'Éternel envoya sur lui - 1 Samuel 15:10-26. Saül fut rejeté par Dieu parce qu'il rejeta lui-même la parole de l'Éternel. La réaction de Samuel concernant la rébellion du roi Saül constitue une grande leçon théologique pour tous les adeptes des religions sacrificielles. Le Dieu Créateur de tout l'univers préfère l'obéissance aux sacrifices. Son onction et ses bénédictions ne s'acquièrent pas par les sacrifices, mais par la grâce de Dieu accordée à tout celui qui obéit à sa voix.

1 Samuel 9-15; 16:14-23 L'expérience du roi Saül nous révèle comment l'Esprit de Dieu quitte tous ceux qui ne se soumettent pas à sa volonté et les abandonnent à l'esprit mauvais qui vient les troubler. Les conseils du roi Saül virent comment ce roi-prophète devint l'ombre de lui-même. Ils lui demanda de recourir à la harpe thérapeutique de David pour le soulager de ses troubles mentaux. « **Et lorsque le mauvais esprit venant de Dieu était sur Saül, David prenait la harpe et jouait de sa main; Saül respirait alors plus à l'aise et se trouver soulagé, et le mauvais esprit se retirait de lui**. » Quelle puissance surnaturelle que dégageait chaque son de la harpe du berger David jouait sous l'onction du Saint-Esprit! Que les musiciens du Seigneur Jésus-Christ puissent apprendre comment louer et exalter le Seigneur Dieu et jouer sa musique par la puissance de son Esprit. David aimait louer l'Éternel depuis sa jeunesse. C'est dans la louange que l'Esprit de Dieu exerçait ses mains au combat pour la délivrance du peuple de Dieu oppressé par ses méchants voisins.

Comment David reçut-il l'onction royale et entra dans une alliance éternelle avec Dieu? Tel est le thème principal de cette étude biblique portant sur la présence de Dieu dans la vie de David et l'alliance royale prophétique de Dieu.

## 1. LA PRÉSENCE DE DIEU DANS LA VIE DE DAVID L'ONCTION ROYALE ET LA PUISSANCE PROPHÉTIQUE 1 Samuel 16

Alors que la nation d'Israël traversait une crise politique et spirituelle très profonde avec un fou à sa tête, Dieu envoya discrètement le prophète Samuel à la maison d'Isaïe à Bethléhem pour aller oindre le tout jeuner berger David comme roi du peuple élu. Samuel arriva dans la cité bénie et entra chez Isaïe pour accomplir la mission de Dieu. Il voulut oindre le fils aîné de la famille en question, mais Dieu l'arrêta sur le coup et prit soin de lui révéler que son élu ne se trouvait pas parmi les fils d'Isaïe présents dans la maison. Le prophète fit une pause et demanda au père de la famille en question si tous ses fils étaient présents en ce lieu. Le père lui répondît que le plus jeune était absent parce qu'il s'occupait du troupeau de la famille. Samuel dit à Isaï: Sont-ce là tous tes fils? Et il répondit: Il reste encore le plus jeune, mais il fait paître les brebis. Alors Samuel dit à Isaï: 1 Samuel 16:11-12 « **Envoie-le chercher, car nous ne nous placerons pas avant qu'il ne soit venu ici. Isaï l'envoya chercher. Or il était blond, avec de beaux yeux et une belle figure.** » Dès que le petit David entra dans la maison, le prophète entendit l'Éternel lui dire: « **Lève-toi, oins-le, car c'est lui!**» L'élu de Dieu était enfin présent à la cérémonie d'onction. 1 Samuel 1:13 «**Samuel prit la corne d'huile, et l'oignit au milieu de ses frères. L'Esprit de l'Éternel saisit David, à partir de ce jour et dans la suite. Samuel se leva, et s'en alla à Rama.**» L'Esprit de l'Éternel saisit David. Il n'était plus le même. L'onction de Dieu venait de le transformer en roi - adorateur de l'Éternel et prophète d'Israël. C'est ainsi que David reçut l'onction royale.

David entretenait continuellement la présence de Dieu dans sa vie par les louanges et l'adoration de l'Éternel. Il avait l'habitude de louer Dieu avec ses instruments de musique qu'il fabriquait lui-même et les chants qu'il composait sous l'inspiration de l'Esprit de Dieu. C'est ainsi qu'il fut détecter par les serviteurs du roi agité pour aller jouer sa harpe dans son palais. Personne ne savait qu'il était oint roi d'Israël par le même prophète que Dieu chargea d'oindre Saül roi de son peuple. David se rendit humblement au palais du roi Saül et joua sa harpe dans la puissance de l'Esprit de Dieu. Le mauvais esprit ne pouvait résister à l'Esprit de louange et d'adoration. Le jeune David savait que son Dieu était le Tout-Puissant, l'Éternel des armées, le Bon Berger qui prend soin de ses brebis même quand elles sont rebelles.

La guerre d'Israël contre les philistins représentés par un puissant guerrier du nom de Goliath vint dévoiler la puissance surnaturelle de Dieu active dans la vie du jeune David. Alors qu'il vint visiter ses frères qui étaient au front avec le roi Saül, David entendit le grand philistins humilier les enfants d'Israël en insultant leur Dieu. Ne pouvant supporter les injures contre le Dieu Tout-Puissant, il se décida d'affronter le grand Goliath. Il obtint la permission du roi Saül, s'engagea au duel avec Goliath et finit par l'abattre avec une petite pierre lancée par sa fronde. Il devint très célèbre en Israël et les femmes se mirent à chanter à sa gloire. Saül ne pouvait supporter sa présence devant lui. Il fit tout pour l'éliminer physiquement, mais Dieu assura sa protection. À la mort du roi Saül, David accéda au trône. Il conquit la cité de Jebusiens et y établit la cité de David, Jérusalem la capitale éternelle d'Israël.

Dès son accession au pouvoir, David avait une seule préoccupation: la présence permanente et réelle de Dieu au centre de la vie de son peuple. Il fit tout pour emmener l'arche de Dieu dans la cité de David et établir un grand sanctuaire de louange et d'adoration sous une tente, le célèbre tabernacle de David. Car pendant tout le règne de Saül l'arche se trouvait à Kirjath-Jearim, depuis que les Philistins la ramenèrent en Israël après l'avoir arrachée de l'armée d'Israël au temps du Juge Elie - 1 Chroniques 14. Après un séjour de 90 jours chez le Lévite Obed-Edom, David fit transporter l'archer à Jerusalem et organisa un service permanent d'adoration et de louange devant le trône de l'Éternel. Il confia cette grande responsabilité spirituelle aux chantres Lévites qui étaient bien payés par l'état - 1 Chroniques 16. Dieu était au centre d'Israël et David devenait de plus en plus fort et puissant. Tous les ennemis d'Israël furent neutralisés par les armées de l'Éternel. Ce fut l'âge d'or de la nation élue. Le peuple de Dieu connaissait bien le son de la trompette de l'Éternel et celui-ci était son vrai roi.

Psaume 89: 16 «Heureux le peuple qui connaît le son de la trompette; Il marche à la clarté de ta face, ô Éternel!»
Psaume 33:12 «Heureuse la nation dont l'Éternel est le Dieu! Heureux le peuple qu'il choisit pour son héritage!»

Notre objectif spirituel, notre mission sur cette terre, est de nous assurer que les peuples de la terre connaissent le son de la trompette de Dieu et marche à la clarté de sa face. C'est pour cette raison que nous sommes sauvés et oints du Saint-Esprit. David connaissait bien sa mission et l'objectif principal de sa vie. Il établit l'adoration du seul et vrai Dieu de tout l'univers au centre de son royaume. La nation d'Israël était heureuse de vivre dans la lumière et l'amour de son Créateur. Le tente de David était pleine de la gloire de Dieu. Israël y louait l'Éternel jour et nuit.

Cette tente est aussi appelée le tabernacle de David. Le mot tabernacle en hébreu est SUKKAH, une hutte temporaire, un abri, une maison de passage, un lieu d'habitation temporaire. Contrairement au tabernacle de Moïse dans laquelle l'arche était placée dans le lieu très saint, séparé du lieu saint où se trouvait l'autel d'or, la table de proposition et le chandelier aux sept lampes, et du parvis contenant l'autel d'airain et la cuve d'airain, l'arche de Dieu était visible et placée au centre de la tente de David. On dirait que Dieu tabernaclait avec son peuple dans cette tente. Tout Lévite pouvait venir servir devant l'arche et offrir son adoration au Grand Dieu de tout l'univers, le Dieu d'Israël. Vingt-quatre équipes s'alternaient jour et nuit pour louer et adorer l'Éternel. Quatre mille instruments étaient disponibles pour jouer le musique de l'Éternel et lui rendre gloire et honneur. Le peuple de Dieu y louer Dieu aux sons des instruments de musique, en frappant les mains, en dansant et en poussant sans cesse des cris de joie vers lui. Beaucoup de psaumes furent composés pendant cette merveilleuse période de la royauté du prophète David.

David savait que la puissance de Dieu se manifestait partout où son nom glorieux était exalté et adoré. « **David fit les plus glorieuses des découvertes concernant la puissance que nous dégageons lorsque nous adorons Dieu ensemble. Sans doute au cours des longues nuits de Judée, en gardant les brebis de son père seul sur la colline, il entendait les ours errer en grognant pour chercher leur nourriture, les lions rugir et les brebis s'agiter en sentant le danger qui rôdait dans les ténèbres. Comme elles devenaient de plus en plus anxieuses, elles étaient difficiles à apaiser, et David se mettait alors à leur chanter des cantiques. Il saisissait sa cithare et leur interprétait diverses mélodies pendant les longues heures de la nuit, louant et adorant le grand Dieu d'Israël qui avait promis de garder ceux qui mettraient leur foi en lui. En exaltant l'Eternel de tout son cœur, il fit une découverte stupéfiante. C'est l'une des bases essentielles de l'adoration et l'un des grands secrets de notre foi.**[15] »

Selon la prophétie biblique la tente de David sera un jour restaurée et les fils et les filles de Dieu du monde entier adorerons ensemble l'Éternel. Amos 9:11-12 et Actes 15:16-18. Voici ce que Alain Lopez[16] a écrit sur ce sujet important concernant la restauration de la tente de David:

« A partir de la citation d'Amos, Jacques déclara que dans les derniers jours, le Tabernacle de David serait restauré, et que grâce à ce rétablissement, le reste des nations chercherait le Seigneur. Alors qu'est-ce qui doit encore être rétabli ?

Nous savons maintenant que chaque objet du Tabernacle de Moïse représente une doctrine fondamentale du christianisme biblique. Ces objets étaient comme des doigts prophétiques qui désignaient une base du christianisme.

Lorsque nous regardons ce Tabernacle, nous voyons ce que Dieu a déjà restauré, et ce qui reste à restaurer. Lorsque l'Eternel a donné à Moïse le plan du Tabernacle sur le mont Sinaï, il lui a dit que c'était la voie qui menait vers le lieu très saint et vers Dieu. Le principal but de Dieu n'est pas seulement de nous tirer de l'enfer, mais de nous ramener à lui, à l'intimité et à l'autorité de Son trône. »

---

[15] http://www.letabernacle.com/ressources/enseign/Le_Tabernacle_de_David

[16] http://www.letabernacle.com/ressources/enseign/Le_Tabernacle_de_David

Tout au long de l'histoire de l'Eglise nous voyons ce qui a été restauré :
- L'autel des sacrifices : le mouvement protestant a amené la grande doctrine chrétienne de la justification par la foi dans le sang versé par Jésus au Calvaire.
- La cuve d'airain : le mouvement de sainteté a restauré les vérités sur la sanctification, sur l'obéissance à la Parole de Dieu et le baptême d'eau.
- Le chandelier : le mouvement de pentecôte a amené les vérités sur l'œuvre du Saint-Esprit, sur le baptême d'Esprit et de feu, sur les dons spirituels.
- La table des pains de propositions : le mouvement charismatique a restauré les vérités sur la notion du Corps de Christ, sur l'unité et la communion fraternelle.
Il reste l'autel des parfums. Dans toutes les Ecritures, le parfum symbolise l'adoration et les prières. Nous pouvons donc savoir que l'Eternel nous redonnera une flamme d'adoration qui nous est encore inconnue, mais qui existait jadis, et qui sera de nouveau en vigueur lors du rétablissement du Tabernacle de David.
Cet autel est le dernier objet précédant l'arche et le propitiatoire, qui représentent la présence de Dieu et de Son trône, et symbolisent le ciel. Cela nous montre , que le mouvement d'adoration à venir nous conduira au-delà du voile, dans la présence même de Dieu. Alléluia !
Lorsque nous parvenons à cet autel, nous ne pouvons nous diriger que dans la salle du trône, le lieu très saint. Cet autel des parfums est donc aussi une image du temps de rétablissement promis lorsque Dieu relèvera le Tabernacle de David qui était tombé.
Depuis cinq cents ans, Dieu a fait progresser ses enfants jusqu'à l'autel des parfums, et actuellement, la vitesse s'accélère, car le mouvement de gloire final rétablit la gloire de Dieu en faveur de l'église. J'aime la prophétie d'Aggée qui annonce que la dernière maison sera plus glorieuse que la première.
Aggée 2,9 : « **La gloire de cette dernière Maison sera plus grande que celle de la première, dit l'Eternel des armées. Et c'est dans ce lieu que je donnerai la paix.** »

La gloire de Dieu dans le tente de David fut très intense, manifeste et publique. Tout Israël pouvait goûter à la présence glorieuse de l'Éternel. La Shekinah était enfin visible. Voulant pérenniser cette présence glorieuse dans la capitale d'Israël, David pensa construire un temple pour l'Éternel. C'est en ce moment précis de sa vie que Dieu intervint pour établir avec lui son alliance royale prophétique.

## 2. L'ARCHE DANS LA TENTE DE DAVID ET L'ADORATION MUSICALE

Il faut partir du récit du transport, de l'arrivée et du placement de l'arche de Dieu à la cité de David pour comprendre la place centrale de l'adoration en Israël à l'époque du roi David. Une étude de 2 Samuel 6 et de 1 Chroniques 16, permet de comprendre l'importance de la louange et de l'adoration pour le prophète-roi d'Israël. En effet, dans 2 Samuel 6:16-22, nous voyons le roi d'Israël sautant et dansant de toutes ses forces alors que l'arche de l'Éternel entrait dans la cité de David. Il était tellement extravagant que son épouse Mical, la fille du roi Saül le méprisa dans son coeur. De retour chez lui, il fut reçut par une réaction violante de Mical qui ne pouvait supporter de voir le roi s'exposer devant ses servantes et ses serviteurs, comme se découvrirait un homme de rien. La réaction de David aux remontrances de son épouse fut très vive et incisive. Il dit à Mical: « **C'est devant l'Éternel, qui m'a choisi de préférence à ton père et à toute sa maison pour m'établir chef sur le peuple de l'Éternel, sur Israël, c'est devant l'Éternel que j'ai dansé. Je veux paraître encore plus vil que cela, et m'abaisser à mes propres yeux; néanmoins je serai en honneur auprès des servantes dont tu parles**. »

Dans 1 Chroniques 16, la Bible nous dit ce que fit le Roi David après qu'on amena l'arche de Dieu à Sion. Elle fut placée au milieu de la tente que David dressa pour elle et l'on offrit devant Dieu des holocaustes et des sacrifices d'actions de grâces. Le roi David ne s'arrêta pas à la danse exubérante et aux sacrifices. Pour mobiliser le peuple de Dieu à adorer continuellement l'Éternel, il remit à des Lévites la charge de faire le service devant l'arche de l'Éternel, d'invoquer, de louer et de célébrer l'Éternel, le Dieu d'Israël. « **Ce fut en ce jour que David chargea pour la première fois Asaph et ses frères de célébrer les louanges de l'Éternel. Louez l'Éternel, invoquez son nom! Faites connaître parmi les peuples ses hauts faits! Chantez, chantez en son honneur! Parlez de toutes ses merveilles! Glorifiez-vous de son saint nom! Que le coeur de ceux qui cherchent l'Éternel se réjouisse! Ayez recours à l'Éternel et à son appui, Cherchez continuellement sa face!** » La louange, l'adoration de l'Éternel était au centre de la vie du deuxième roi d'Israël.

Voici comment Max Gaspard décrit David et l'organisation du ministère de musique en Israël dans sa publication sur le **Commencement du Ministère de Chantres**: « David est resté le chantre de l'Éternel par excellence : il joua t sur la lyre lorsqu'il gardait ses moutons; plus tard, Dieu permit que par son jeu le mauvais esprit quittât Saül (1 Samuel 16:23). David a chargé les Lévites de chanter et de jouer pendant que l'on ramenait l'arche de l'alliance à Jérusalem. À cette occasion, il a organisé le premier orchestre comprenant 24 instrumentistes jouant du luth, de la harpe (lyre), des cymbales et des trompettes (1 Chroniques 15:16-22). Notons cependant qu'il ne s'agissait pas d'un genre de musique de marche, le texte parle clairement de louanges à l'Éternel. Les instruments inventés par David (Amos 5:23) servaient à accompagner les chants. C'étaient “des instruments pour les cantiques en l'honneur de Dieu” (1 Chroniques 16:42) “faits en l'honneur de l'Éternel par le roi David pour le chant des louanges de l'Éternel” (2 Chroniques 7:6; cf. Amos 6: 5 ; Néhémie 12:27). On s'en servait aussi pour apporter à Dieu une offrande musicale : “Nous ferons résonner les cordes de nos instruments tous les jours de notre vie dans la maison de l'Éternel.” (Ésaïe 38:20). Plus tard, David établit 4 000 Lévites “pour louer l'Éternel avec les instruments” (1 Chroniques 23:5) chaque matin et chaque soir (v. 30) dans le Tabernacle. Ils étaient formés pendant dix ans pour leur service et n'entraient en fonction qu'à l'âge de 30 ans (1 Chroniques 23:3). Les chantres étaient divisés en 24 classes de 12 hommes dans lesquelles on comptait 288 Lévites “experts concernant le chant de l'Éternel, tous enseignants” (1 Chroniques 25:7) Ils apprenaient la musique à leurs frères. Asaph, Héman et Jéduthun dirigeaient le chœur. Ils donnaient le signal du départ avec leurs cymbales. Huit autres musiciens conduisaient la mélodie avec le kinnor (lyre). Ils étaient soutenus par six groupes de harpistes.[17] »

L'organisation des chantres est un reflet de la stratégie organisationnelle du roi David. Contrairement à son prédécesseur, le roi David organisa la nation d'Israël comme une grande armée de l'Éternel avec l'objectif d'exalter le nom puissant du Créateur de tout l'univers dans tous les domaines de la vie humaine. Selon 1 Chroniques 18:14-17, David établit un système judiciaire royal très solide qu'il présidait lui-même, une armée professionnelle commandait par son cousin Joab, fils de Tseruja, un service national d'archives sous le direction de l'archiviste Josaphat, fils d'Achilub, un ordre sacerdotal chapeauté par les sacrificateurs Tsadok, fils d'Achitub, et Abimélec, fils d'Abiathar, un secrétariat d'état confiait à Schavscha, une garde royale avec deux branches, les kérétiens chargés de l'exécution des ordres du roi, et les Péléthiens assurant les courriers ou la communication, et ses fils qui étaient les premiers auprès du roi. C'était l'âge d'or du royaume d'Israël. Tous ses ennemis étaient vaincus et soumis à son dictat. Toutes les conditions étaient ainsi réunis pour faire de la cité de David le centre spirituel et politique du monde. Tous les rois de cette époque craignait David et respecter le royaume d'Israël. L'Eternel était au centre de ce royaume. Le peuple d'Israël l'exalter et proclamer tout haut sa suprématie sur tous les dieux des nations. Il était reconnu en tant que Seigneur du roi David et de son royaume.

---

18. Gaspard, Max. https://d1wqtxts1xzle7.cloudfront.net/52172537/Chapitre_1_Commencement_du_Ministere.docx.

## 3. LE PROJET DE CONSTRUIRE LE TEMPLE ET L'ALLIANCE ROYALE

1 Chroniques 23-28. En survolant ces chapitres, nous découvrons comment David de son vivant veilla à l'organisation des Lévites ( 1 Chroniques 23:3-32; 24:20-31), des sacrificateurs (1 Chroniques 24:1-19), des chantres (1 Chroniques 25:1-30), des portiers (1 Chroniques 26:1-19), de l'intendance (1 Chroniques 36:20-28), des magistrats et des surveillants ( 1 Chroniques 26:29-32), de l'armée ( 1 Chroniques 27:1-15), des chefs de douze tribus ( 1 Chroniques 27:16-24), des principaux administrateurs et conseillers du roi (1Chroniques 27:25-34). L'objectif principal de cette organisation du peuple de Dieu était la mobilisation totale de la nation élue à la louange et à l'adoration de l'Éternel afin que tous les habitants de la terre le connaissent et puissent poussez des cris de joie vers son trône de gloire.

Pour parvenir à la réalisation de cet objectif ultime, le roi se proposa de construire un temple de Dieu dans la cité de David. Tout le chapitre sept de 2 Samuel est consacré à la discussion concernant ce grand projet royal. Examinons-le soigneusement pour comprendre comment à travers ce projet David reçut la plus grande révélation spirituelle de sa vie. Nous diviserons ce chapitre en quatre grandes sections.

2 Samuel 7: 1-3. David vient d'achever la construction de sa belle maison de cèdre. Il se repose paisiblement chez lui, dans son palais royale, avec toute sa famille et sa garde rapprochée. Il réalise que l'Éternel lui a donné du repos, après l'avoir délivré de tous les ennemis qui l'entouraient. Il invite auprès de lui son conseiller spirituel, le prophète Nathan, pour lui faire part d'un grand projet qui le tient à coeur. Le roi dit à Nathan le prophète: « **Vois donc! j'habite dans une maison de cèdre, et l'arche de Dieu habite au milieu d'une tente. Nathan répondit au roi: Va, fais tout ce que tu as dans le coeur, car l'Éternel est avec toi.** »

Le projet du roi David semble venir du fond de son coeur. C'est un projet noble. Nathan ne trouve rien à redire à David, car l'Éternel est avec son oint. Le prophète rentre calmement chez lui et attend que le roi puisse lui dire quand et comment il compte entreprendre la réalisation de ce grand projet. Dieu choit ce moment de réflexion pour s'adresser à David..

2 Samuel 7:4-17. La nuit suivante, après la présentation du projet de David au prophète Nathan, la parole de l'Éternel fut adressée à Nathan: 1 Samuel 7:4-11a « **Va dire à mon serviteur David: Ainsi parle l'Éternel: Est-ce toi qui me bâtirais une maison pour que j'en fasse ma demeure? Mais je n'ai point habité dans une maison depuis le jour où j'ai fait monter les enfants d'Israël hors d'Égypte jusqu'à ce jour; j'ai voyagé sous une tente et dans un tabernacle. Partout où j'ai marché avec tous les enfants d'Israël, ai-je dit un mot à quelqu'une des tribus d'Israël à qui j'avais ordonné de paître mon peuple d'Israël, ai-je dit: Pourquoi ne me bâtissez-vous pas une maison de cèdre? Maintenant tu diras à mon serviteur David: Ainsi parle l'Éternel des armées: Je t'ai pris au pâturage, derrière les brebis, pour que tu fusses chef sur mon peuple, sur Israël; j'ai été avec toi partout où tu as marché, j'ai exterminé tous tes ennemis devant toi, et j'ai rendu ton nom grand comme le nom des grands qui sont sur la terre; j'ai donné une demeure à mon peuple, à Israël, et je l'ai planté pour qu'il y soit fixé et ne soit plus agité, pour que les méchants ne l'oppriment plus comme auparavant. et comme à l'époque où j'avais établi des juges sur mon peuple d'Israël. Je t'ai accordé du repos en te délivrant de tous tes ennemis.** »

L'Éternel dit « NON » au projet de son serviteur David. Non, parce que ce n'est pas toi que j'ai choisi pour me construire une maison pour que j'en fasse ma demeure. Non, parce que je n'ai jamais habité dans une maison depuis la libération de mon peuple de l'Égypte et son entrée dans la terre de Canaan. Non, parce que je n'ai jamais demandé aux enfants d'Israël de me construire une maison de cèdre, très chère et luxueuse. Non mon serviteur, pour qui te prends-tu aujourd'hui? As-tu oublié tes origines modestes, d'où je t'ai pris? J'ai toujours été avec toi! Je n'ai pas besoin de maison spéciale pour opérer et vivre avec toi. C'est moi qui ai rendu ton nom grand et exterminé tous tes ennemis. C'est moi qui ai donné une demeure à mon peuple et qui l'ai planté dans une terre bénie. C'est moi qui t'ai accordé du repos en te libérant de tous tes oppresseurs. Non, ce n'est pas ma volonté. Je ne te demande pas de me construire une maison dans la cité de David. Mais j'ai un plan plus glorieux que le tient. Ce plan s'accomplira en son temps.

2 Samuel 7:11b -17. « **Et l'Éternel t'annonce qu'il te créera une maison. Quand tes jours seront accomplis et que tu seras couché avec tes**

**pères, j'élèverai ta postérité après toi, celui qui sera sorti de tes entrailles, et j'affermirai son règne. Ce sera lui qui bâtira une maison à mon nom, et j'affermirai pour toujours le trône de son royaume. Je serai pour lui un père, et il sera pour moi un fils. S'il fait le mal, je le châtierai avec la verge des hommes et avec les coups des enfants des hommes; mais ma grâce ne se retirera point de lui, comme je l'ai retirée de Saül, que j'ai rejeté devant toi. Ta maison et ton règne seront pour toujours assurés, ton trône sera pour toujours affermi**. Nathan rapporta à David toutes ces paroles et toute cette vision. »

Une grande révélation de l'Éternel sortie de la bouche du prophète Nathan. Non, tu ne me construira pas une maison de cèdre, dit l'Éternel au roi d'Israël. Mais l'Éternel te dit qu'il te créera une maison, une dynastie, une royauté éternelle. **C'est ici que commence le dévoilement de l'alliance royale prophétique.** David ne te laisse pas séduire par ta vision charnelle et politique. Car j'ai un projet éternel et plus grand pour toi et ta descendance. Au lieu de me bâtir une maison, un temple pour mon arche, moi l'Éternel je te créerai une maison royale éternelle. Je m'engage personnellement à te créer cette maison, la maison du Roi-Messie, le Rois des rois qui viendra régner sur toute la terre (Esaïe 9:5-6; Luc 1;32-33).

Il y a plus. Après toi, celui qui sortira de tes entrailles prendra ton trône. J'affermirai son règne. C'est lui qui, selon ma volonté et dans mon temps (KAIROS) bâtira une maison à mon nom. Je serai pour lui un papa, et il sera pour moi un fils. Je prendrai soin de lui et je le disciplinerai comme un papa châtie son fils s'il fait mal. Mais ma grace ne se retirera jamais de lui, comme je l'ai retiré de Saül, que j'ai rejeté devant toi. Ta descendance entre dans le plan de la grâce éternelle. Pas de rejet pour ta descendance. C'est la royauté éternelle pour toi et ta descendance. « **Ta maison et ton règne seront toujours assurés, ton trône sera pour toujours affermis** »

**Ta maison, ton règne, ton trône,** trois manifestations historiques de l'alliance royale éternelle de Dieu avec le roi David. Luc 1:32b-33 signale l'accomplissement de ces trois dimensions de l'alliance royale prophétique. C'est une révélation angélique communiquée à Marie. Ce n'est pas une prophétie, mais la communication d'un fait qui allait s'accomplir dans l'histoire: « **L'ange lui dit: Ne crains point, Marie; car tu as trouvé grâce devant Dieu. Et voici, tu deviendras enceinte, et tu enfanteras un fils, et tu lui donneras le nom de Jésus. Il sera grand et sera appelé Fils du**

**Très Haut, et le Seigneur Dieu lui donnera le trône de David, son père. Il règnera sur la maison de Jacob éternellement, et son règne n'aura point de fin.** »

Nous retrouvons dans cet extrait de Luc 1 l'accomplissement de la prophétie de 2 Samuel 7:11b-17. Le Seigneur Dieu donna au Fils de Dieu, Fils d'Abraham et Fils de David, le trône de David. Son règne et sa maison ou sa dynastie seront toujours assurés. Comme l'a si bien dit le patriarche Jacob avant de quitter ce monde: Genèse 49:10 « **Le sceptre ne s'éloignera pas de Juda, ni le bâton souverain d'entre ses pieds, jusqu'a ce que vienne le Schilo, et que les peuples** (au pluriel) **lui obéissent**. »

Le Schilo naquit à Bethléhem de Juda. Il viendra régner un jour à Jérusalem, dans la cité de David, pendant mille ans, sur tous les peuples de la terre, sur Israël et toutes les nations. Alors s'accomplira pleinement la révélation que Dieu donna à David par la bouche du prophète Nathan. Au Psaume 89, le chantre de Dieu Éthan, l'Ézrachite, dévoile la signification divine de cette révélation de Dieu à son élu. « (89:4) **J'ai fait alliance avec mon élu; Voici ce que j'ai juré à David, mon serviteur:** (89:5) J'**affermirai ta postérité pour toujours, Et j'établirai ton trône à perpétuité.** »

Le monde va vers l'accomplissement de cette alliance royale. Le millenium est devant nous. C'est en temps historique que le Seigneur Dieu relèvera la tente de David pour que toutes les nations l'adorent devant le Roi des rois et le Seigneur des seigneurs à Jerusalem. Car le millenium tel qu'annoncé clairement dans Apocalypse 20:1 -7 sera une merveilleuse période de paix sur toute la terre et dans tout l'univers. Le dragon, le serpent ancien, qui est le diable et Satan, sera lié pour mille an, jeté dans l'abîme et l'entrée au-dessus de lui sera scellée, afin qu'il ne séduise plus les nations jusqu'à l'accomplissement de cette période. C'est en ce temps merveilleux que s'accomplira la prophétie de Michée 4:1-3 « **Il arrivera, dans la suite des temps, que la montagne de la maison de l'Eternel sera fondée sur le sommet des montagnes, qu'elle s'élèvera par-dessus les collines, et que les peuples y afflueront. Des nations s'y rendront en foule, et diront: Venez, et montons à la montagne de l'Eternel, à la maison du Dieu de Jacob, afin qu'il nous enseigne ses voies, et que nous marchions dans ses sentiers. Car de Sion sortira la loi, et de Jérusalem la parole de l'Eternel. Il sera le juge d'un grand nombre de peuples, L'arbitre de nations puissantes, lointaines. De leurs glaives**

**ils forgeront des hoyaux, Et de leurs lances des serpes; Une nation ne tirera plus l'épée contre une autre, Et l'on n'apprendra plus la guerre**. »

L'alliance royale prophétique nous conduit ainsi au temps messianique, le temps du plein accomplissement de l'alliance de Dieu avec nous par le sang de l'Agneau de Dieu. C'est cette dernière alliance biblique qui constitue la synthèse de toutes les alliances divines depuis Noé, Abraham, Moïse, David jusqu'aux douze apôtres et aux premiers disciples de Jésus-Christ, prémisses de la maison spirituelle de Dieu, sa race élue, sa nouvelle nation, son sacerdoce royale formés par les membres du corps du Christ délivrés de tout péché par le sang de l'expiation.

# V. DE L'ALLIANCE AU TESTAMENT EN CHRIST

## 1. LES ALLIANCES HUMAINES ET L'ALLIANCE DE DIEU
## 2. LES PRINCIPALES MÉTAPHORES DE LA BERIYTH À LA DIATHÊKÊ
## 3. LA NOUVELLE ALLIANCE
## SEPT DYNAMIQUES DE LA NOUVELLE ALLIANCE

## 1. LES ALLIANCES HUMAINES ET L'ALLIANCE DE DIEU

Nous arrivons au dernier chapitre de notre investigation sur les cinq principaux alliances de Dieu dans la Bible. Dans cette étude, nous avons évité d'aborder les alliances humaines que certains personnages bibliques, certaines nations et des rois d'Israël ont contractées. Certains spécialistes de la Bible tentent de comprendre l'alliance de Dieu avec son peuple à travers le schéma des alliances humaines. Cette approche à la fois anthropologique et sociologique de l'alliance leur donne une certaine compréhension de ce phénomène divin dont la signification profonde n'est finalement dévoilé qu'à travers le sacrifice suprême du Fils de Dieu, l'Agneau de Dieu qui ôte le péché du monde.

Pour ceux qui s'intéressent à l'étude comparée de l'alliance divine avec les alliances humaines, je conseille de consulter l'ouvrage du Dr. Clay Trumbull, **The Blood Convenant**[18]. Dans cet ouvrage l'auteur procède à trois lectures de l'alliance de sang:
LECTURE I. THE PRIMITIVE RITE ITSELF.
LECTURE II. SUGGESTIONS AND PERVERSIONS OF THE RITE.
LECTURE III. INDICATIONS OF THE RITE IN THE BIBLE.
APPENDIX. IMPORTANCE OF THIS RITE STRANGELY UNDERVALUATED.

En lisant ce livre, j'ai vite compris que le phénomène de l'alliance de sang fut initié par Dieu lui-même. Qu'avant son alliance avec Noé, la pratique de l'alliance de sang n'était pas du tout connue sur toute la terre. C'est après l'alliance avec Noé que la Bible parle de l'alliance entre Kedorlaomer et les rois de Sodome, de Gomorrhe, d'Adma, de Tseboïm, et de Béla. Vaincus par le raide de Kedorlaomer et ses alliés, ces rois furent soumis à la loi du plus fort pendant douze ans. Ce fut une alliance de paix entre dominant et dominés. Selon Genèse 14, cette alliance se termina par une guerre meurtrière qui força Abram à pourchasser le roi du nord avec ses alliés pour aller sauver son neveu Lot et récupérer tous les biens pillés par les ennemis.

Genèse 21:22-34 porte sur une vraie alliance de paix qu'Abraham signa avec le roi philistin Abimélec. La signature de cette alliance se fit après la grande alliance de Dieu avec Abraham. Il est très interessant de noter

---

[18] Trumbull, Clay H. (1898). The Blood Convenant. Third edition. Philadelphie, John D. Wattles & Co.

qu'Abraham ne signa aucune alliance avec les rois de Canaan avant l'établissement de l'alliance de Dieu avec lui. La Bible semble nous donner un ordre à suivre dans ce domaine: d'abord l'alliance Dieu avec nous avant de contracter des alliances avec les êtres humains.

Lors de l'Alliance d'Abraham avec Abimélec, celui-ci reconnut que Dieu était avec Abraham dans tout ce qu'il faisait. Le roi païen voyait la main puissante de Dieu en action dans toutes les oeuvres d'Abraham. C'est pour cette raison qu'il vint lui demander de signer une alliance de paix avec lui. L'objectif de cette alliance était d'établir une relation saine durable entre le royaume d'Abimélec et Abraham.

Voici comment se déroula cette cérémonie diplomatique:

Abimélec introduit la séance:

« **En ce temps-là, Abimélec, accompagné de Picol, chef de son armée, parla ainsi à Abraham: Dieu est avec toi dans tout ce que tu fais. Jure-moi maintenant ici, par le nom de Dieu, que tu ne tromperas ni moi, ni mes enfants, ni mes petits-enfants, et que tu auras pour moi et le pays où tu séjournes la même bienveillance que j'ai eue pour toi**. »

Abraham réagit sagement à la proposition de son interlocuteur:

« **Abraham dit: Je le jurerai. Mais Abraham fit des reproches à Abimélec, au sujet d'un puits d'eau, dont s'étaient emparés de force les serviteurs d'Abimélec**. »

Abraham évita de contracter aveuglement une alliance avec le rusé Abimélec qui vint le trouver accompagné du chef de son armée. Il savait qu'il faisait affaire avec un homme de guerre et lui-même était un vrai guerrier de l'Éternel. Il n'avait pas peur de lui dire la vérité avant de signer une alliance de paix avec lui. La réponse du roi Abimélec aux reproches d'Abraham dévoila sa ruse.

Abimélec dit à Abraham:

Abimélec répondit: « **J'ignore qui a fait cette chose-là; tu ne m'en as point informé, et moi, je ne l'apprends qu'aujourd'hui.** »

La réponse d'Abimélec indique que ce roi est un fin politicien. Il ignore le mal que ses serviteurs ont fait à Abraham. Il dit qu'il ne savait pas que ses serviteurs qui opéraient sous ses ordres avaient arraché un puits d'eau à Abraham. Discernant sa manipulation, Abraham prit soin de signer une alliance protégée par la puissance de l'Esprit de son Dieu. Suivez bien ce que les faits et gestes du patriarche.

La sagesse d'Abraham pendant la signature de cette alliance:

« **Et Abraham prit des brebis et des boeufs, qu'il donna à Abimélec; et ils firent tous deux alliance. Abraham mit à part sept jeunes brebis.** »

Abraham donna des brebis et des boeufs à son interlocuteur. Puis il prit soin de mettre à part sept jeunes brebis représentant la plénitude de l'Esprit et de l'autorité de l'Éternel veillant sur nous, jour et nuit, sept jours sur sept, dans ce monde. Car notre patriarche savait que les hommes ne respectent pas souvent les alliances qu'ils contractent. Il connaissaient bien Abimélec et n'allait pas être surpris de l'entendre un jour dire qu'il ignorait avoir signé une alliance de paix avec lui. Écoutons la réaction d'Abimélec en voyant Abraham mettre à part les sept jeunes brebis.

Abimélec réagit:

« **Et Abimélec dit à Abraham: Qu'est-ce que ces sept jeunes brebis, que tu as mises à part?** » Que signifie la mise à part de ces sept jeunes brebis? Que cache le chiffre sept? Abimélec est un initié aux secrets spirituels de son temps. Il savait bien que le sept brebis étaient un « symbole métaphorique », un signe d'un message très profond. D'où sa question à Abraham concernant la signification de ces sept brebis mises à part.

Réponse d'Abraham à la question d'Abimélec:

« **Il répondit: Tu accepteras de ma main ces sept brebis, afin que cela me serve de témoignage que j'ai creusé ce puits.** C'est pourquoi on appelle ce lieu Beer Schéba; car c'est là qu'ils jurèrent l'un et l'autre. Ils firent donc alliance à Beer Schéba. Après quoi, Abimélec se leva, avec Picol, chef de son armée; et ils retournèrent au pays des Philistins. **Abraham planta des tamariscs à Beer Schéba; et là il invoqua le nom de l'Éternel, Dieu de l'éternité (EL OLAM). Abraham séjourna longtemps dans le pays des Philistins.** »

Les sept brebis constituent un sceau définitif de l'appartenance du puits creusé par Abraham à Béer Schéba, le lieu où ils jurèrent l'un et l'autre de vivre en harmonie. « Beer= puits, Schéba=sept, à ce puits des sept », une alliance définitive fut scellée par la symbolique de sept jeunes brebis avec le représentant humain des premiers habitants de Canaan. Abraham signa ainsi l'acquisition de la terre des Canaan avec tous ses puits d'eau et cela continue jusqu'à ce jour avec ses descendants. Il y planta des tamaris, cet arbre qui servait à rappeler le traité conclut entre les deux contemporains bien connus. Puis en ce lieu précis du puits des sept **Abraham invoqua le nom de l'Éternel, Dieu de l'éternité. EL OLAM**, un nouveau nom de Dieu, un nom très significatif avec une nouvelle révélation de la nature immuable et éternelle de l'alliance de Dieu avec Abraham, Isaac et Jacob. Mon Dieu est le Dieu de l'éternité. Par conséquent son alliance est éternelle. Et tous ceux qui entre en alliance avec moi signe une alliance éternelle conforme à l'alliance de mon Dieu, le Dieu de l'éternité, le Dieu de tous les rois, de toutes les terres, de tout l'univers. La compréhension abrahamique du phénomène de l'alliance dépasse ainsi la signification socio-politique et anthropologique que lui donne des êtres humains et les chefs de ce monde. Car pour le prince de Dieu, l'alliance de Dieu est le modèle de toutes les alliances qu'il a signées avec les rois de son temps.

## 2. LES PRINCIPALES MÉTAPHORES DE LA BÉRIYTH À LA DIATHÊKÊ

Poursuivons ensemble l'approfondissement de la compréhension de la signification du phénomène de l'alliance divine pour bien connaître notre Dieu et mieux le servir. À travers une brève étude des significations cachées des principales métaphores de quatre alliances que nous venons de parcourir, nous découvrirons le passage de l'alliance au testament, de la BERIYTH à la DIATHÊKÊ. Nous verrons comment l'alliance de Dieu dans le TANAK ou la Bible Juive ne trouvent son plein accomplissement que dans l'alliance-testament signée une fois pour toute par l'homme - Dieu ou le Dieu fait homme.

### LA MÉTAPHORE DE L'ARC DANS LA NUE

Selon Genèse 9:11-17, la métaphore de l'alliance de Dieu avec Noé, tous les membres de sa famille, ainsi que tous les êtres vivants, est **l'arc dans la nue**. L'arc en ciel est le signe de l'alliance que Dieu établit entre lui et toute chaire qui est sur la terre. L'arc est un signe cosmique. Il est dans le cosmos, dans le ciel, dans l'univers, au-dessus de la terre. L'arc est le signe de l'amour inconditionnel de Dieu à l'égard de ses créatures. C'est le signe de sa protection absolue contre toute destruction de la vie sur cette terre par le déluge. La présence de ce signe dans le ciel signifie que du ciel vient la miséricorde et non la colère de Dieu, le pardon et non la condamnation divine.

Dans Apocalypse 14:6, l'Esprit de Dieu nous donne une puissante révélation au milieu du ciel: « **Je vis un autre ange qui volait par le milieu du ciel, ayant un Évangile éternel, pour l'annoncer aux habitants de la terre, à toute nation, à toute tribu, à toute langue, et à tout peuple**. » L'arc dans la nue représente la protection de Dieu jusqu'à la manifestation de la puissance du salut à travers l'annonce de l'Évangile éternel, l'Évangile du royaume de Dieu qui sera proclamé puissamment avant la fin de ce monde, avec la participation des anges de Dieu.

À la fin du déluge, Dieu donna à Noé une nouvelle révélation de son plan du salut, son plan d'amour pour tous les êtres vivants. Si l'arche qu'il construisit sous la direction de Dieu est une métaphore du salut en Jésus-Christ, l'arc dans la nue est une métaphore de la réconciliation totale de Dieu avec toute sa création. L'arc dans la nue est aussi un signe du roi qui viendra dans la nuée établir son royaume éternel sur la terre et dans tout l'univers. L'arc dans la nue est une métaphore de la fin de toute condamnation. L'arc dans la nue est un signe eschatologique, un concept métaphorique de la fin des temps. Cette métaphore signifie plus qu'un simple arc multicolore.

Le texte biblique concernant l'alliance de Dieu avec Noé commence par la présentation des holocaustes que Noé offrit à l'Éternel avant la révélation de l'établissement de son alliance avec lui. « **L'Éternel sentit une odeur agréable, et l'Éternel dit en son coeur: Je ne maudirai plus la terre à cause de l'homme, parce que les pensées du coeur de l'homme sont mauvaises dès sa jeunesse; et je ne frapperai plus tout ce qui est vivant, comme je l'ai fait.** » Par cette parole de Genèse 8:21, l'Esprit de Dieu nous révèle la valeur du sacrifice de sang que son élu présenta devant lui. En réponse au sacrifice de Noé Dieu assure la protection de tous les êtres vivants en décrétant de ne plus jamais les maudire. Il plaça un signe dans la nue pour sceller cette grâce divine. Et ce signe restera dans la nue jusqu'à la venue du Roi des rois. Cette métaphore signifie la protection de tous les êtres vivants dans le cosmos, dans le monde. Et Jésus-Christ vint pour sauver le monde. Il est le Christ cosmique, le Sauveur et le Seigneur du monde entier. Tout fut créé par lui et pour lui. Colossiens 1:16-17 « **Car en lui ont été créées toutes les choses qui sont dans les cieux et sur la terre, les visibles et les invisibles, trônes, dignités, do-**

**minations, autorités. Tout a été créé par lui et pour lui. Il est avant toutes choses, et toutes choses subsistent en lui**. » À travers le signe l'arc dans la nue, le Créateur nous assure que le Sauveur du monde veille sur tous les êtres vivant et les appelle au salut avant la fin des temps. Nous verrons comment ce salut devint possible pour tous à travers son alliance et son testament. Mais avant d'aborder cette grande révélation divine, examinons quatre autres métaphores de l'alliance divine avec ses élus.

## LA MÉTAPHORE DE LA CIRCONCISION

La métaphore de l'alliance de Dieu avec Abraham est la circoncision. Après avoir visé le cosmos dans son alliance avec Noé, Dieu toucha aux corps humain dans son alliance avec Abraham. Car la circoncision concerne tout le corps humain. C'est le centre du corps qui est touchée dans la circoncision, la source de la vie humaine. La circoncision est une métaphore vive. Elle marque de manière indélébile toute la vie du sujet circoncis avec celle de toute sa descendance.

Dans Genèse 17: 11-14, Dieu donne le signe de son alliance avec Abraham en ces termes: « **C'est ici mon alliance, que vous garderez entre moi et vous, et ta postérité après toi: tout mâle parmi vous sera circoncis. Vous vous circoncirez; et ce sera un signe d'alliance entre moi et vous. A l'âge de huit jours, tout mâle parmi vous sera circoncis, selon vos générations, qu'il soit né dans la maison, ou qu'il soit acquis à prix d'argent de tout fils d'étranger, sans appartenir à ta race. On devra circoncire celui qui est né dans la maison et celui qui est acquis à prix d'argent; et mon alliance sera dans votre chair une alliance perpétuelle. Un mâle incirconcis, qui n'aura pas été circoncis dans sa chair, sera exterminé du milieu de son peuple: il aura violé mon alliance**. »

Que signifie la circoncision pour Dieu? Les Juifs la pratiquaient avec un couteau de silex. Ce qui a conduit certains anthropologues comme Taylor[19] à déclarer que la circoncision est un exemple de survivance de l'âge de la pierre. Il est évident que cette conclusion anthropologique passe à côté du vrai sens de la circoncision selon l'Éternel. Pour le Dieu d'Abraham, la circoncision de tous les mâles est une métaphore de la consécration totale de sa vie à Dieu. Par sa circoncision l'élu de Dieu porte sur son corps la marque de sa communion avec Dieu, de sa mort à sa propre chair, son propre moi, pour vivre en Dieu, pour Dieu et par Dieu. Par la circoncision, l'élu de Dieu consacre toute sa descendance à Dieu. Toute son histoire

[19] Tylor, E.-B. (1870). **Researches into the early history of Mankind**, 217-219, 2e édition. Cité par Lafargue, Paul (1887). **La circoncision, sa signification sociale et religieuse**. In: Bulletins de la Sociétés d'anthropologie de Paris, IIIe Série. Tome 10, pp. 420-436.

devient ainsi l'histoire écrite avec Dieu sur la terre et dans l'éternité. Par la circoncision, l'élu de Dieu reçoit symboliquement un nouveau coeur, un nouvel esprit, une nouvelle vie, la vie d'amour, de foi, d'espérance, d'obéissance totale au Seigneur Dieu. Dès l'âge de huit ans, l'élu de Dieu est totalement consacré à Dieu, avant qu'il n'apprenne à penser, à parler et à agir. Il est ainsi appelé à marcher toute sa vie devant Dieu, dans sa lumière et sa justice. Mais la circoncision seule ne peut transformer l'homme. La métaphore de la circoncision pointe vers un Sauveur capable de transformer tout circoncis en image de Dieu.

## LES TROIS MÉTAPHORES DE SINAÏ
## LA MONTÉE, LE SANG, LE MANGER ET LE BOIRE

L'alliance de l'Éternel avec son peuple au mont Sinaï à plusieurs métaphores: la montagne, le sang, le repas. Exode 24 commence par l'appel de Dieu à Moïse. Il lui dit: **Monte vers l'Éternel, toi et Aaron, Nadab et Abihu, et soixante-dix des anciens d'Israël, et vous vous prosternerez de loin**. Monte vers l'Éternel est une métaphore très puissante. Monter vers l'Éternel c'est quitter tout ce qui est bas, charnel, corrompu, inutile. Monter vers l'Éternel c'est se débarrasser de notre chair pour apprendre à penser, à parler et à agir selon l'Esprit de Dieu. Monter vers l'Éternel c'est entrer en communion avec lui pour entendre sa parole vivante et se laisser transformer par son Esprit. Dieu ne peut faire alliance avec des gens qui ne monte pas dans sa présence. Christ descendit vers nous sur la terre pour nous conduire vers le Père. Car par nous-mêmes nous ne pouvons monter dans sa présence. Moïse monta seul jusqu'au sommet de la montagne de Dieu et il reçut seul l'Esprit de Dieu qui le transforma même physiquement. La **métaphore de la montée** est très significative pour nous aujourd'hui, comme elle l'était pour les enfants d'Israël devant la montagne de Sinaï. Christ monta sur la croix pour nous ouvrir la porte de la maison du Père.

**La deuxième métaphore de l'alliance de Dieu à Sinaï fut le sang** des victimes sacrifiées dont Moïse mit la moitié dans des bassins, et répandit l'autre moitié sur l'autel. Puis il prit le livre de l'alliance et le lut en présence du peuple de Dieu qui déclara à la fin de la lecture: « **Nous ferons tout ce que l'Éternel a dit, et nos obéirons**. » Pour sceller éternellement l'alliance de Dieu avec son peuple, « **Moïse prit le sang, et il le répandit sur le peuple, en disant: Voici le sang de l'alliance que l'Éternel a faite avec vous selon toutes ces paroles**. » Ces paroles déclarées en aspergeant le sang sur le peuple de Dieu nous renvoient à celle que le Grand Souverain Sacrificateur Éternel prononça lors de l'inauguration de la sainte communion ou la sainte cène dans la chambre haute. Matthieu 26:28 « **car ceci est**

**mon sang, le sang de l'alliance, qui est répandu pour plusieurs, pour la rémission des péchés**. » La métaphore du sang de l'alliance est très puissante. La signification profonde de cette métaphore se manifesta dans la mort et la résurrection du Seigneur Jésus-Christ par la délivrance des multitudes rachetés par le sang du Souverain Sacrificateur Éternel.

La troisième métaphore de l'alliance de Sinaï est donnée par dans cette parole: « Ils virent le Dieu d'Israël; sous ses pieds, c'était comme un ouvrage de saphir transparent, comme le ciel lui-même dans sa pureté. Il n'étendit point sa main sur l'élite des enfants d'Israël. **Ils virent Dieu, et ils mangèrent et burent**. » Les soixante-dix anciens d'Israël avec Moïse et Aaron, Nadab et Abihu virent le Dieu d'Israël, Elohim, le créateur des cieux et de la terre, le Sauveur d'Israël. Ils le virent dans sa gloire. Mais Dieu ne les toucha point. Quand ils le virent, ils mangèrent et burent. Mais que mangèrent-ils et burent-ils? Il m'est difficile de répondre à cette question. Mais ce repas céleste est **une métaphore de la communion avec Dieu**, de la sainte cène que les disciples du premier siècle partagèrent avec le Fils de Dieu. Ils le virent dans la chambre haute, puis mangèrent le pain sans levain et burent la coupe de bénédiction avec lui. Par Ce dernier repas avec ses disciples, Jésus inaugura la sainte communion avec sa chair et son sang. C'était l'accomplissement de l'alliance éternelle de Dieu par le sang de son Fils bien-aimé. Car c'est en lui que les métaphores de l'arche dans la nue, de la circoncision, de la montée sur la sainte montagne, du sang de l'aspersion, de manger et de boire dans la présence glorieuse du Père trouvent leur pleine signification. C'est aussi par lui que sera instauré pour l'éternité le règne, la dynastie et le trône de David, trois métaphores de l'alliance royale messianique.

À travers la métaphore de l'arc dans la nuée, la métaphore de la circoncision de tous les mâles, la métaphore de la montée vers l'Éternel avec avec celle de deux tables de la loi de Dieu, la métaphore du sang aspergé par Moïse, la métaphore de manger et déboire devant Dieu sur sa sainte montagne, l'Esprit de Dieu était entrain de préparer la création du peuple de Dieu, d'une nouvelle race élue, d'un sacerdoce royal qui sera établi par le Fils de Dieu, le Roi Souverain Sacrificateur Éternel, à travers une alliance éternelle confirmée et garantie par un testament éternel. C'est lui qui permet au monde de passer de l'ancienne alliance à la nouvelle alliance, de la BERIYTH à la DIATHÊKÊ. Suivons-le pour vivre avec lui dans la nouvelle alliance et nous approprier son testament établi pour nous, ses cohéritiers.

## 3. LA NOUVELLE ALLIANCE PAR LE SANG DE JÉSUS-CHRIST
### L'ancienne alliance et les sept dynamiques de la nouvelle alliance

La Nouvelle alliance est totalement différente des alliances de l'arc-en-ciel avec Noé, de la circoncision avec Abraham, du décalogue avec Moïse et de la dynastie éternelle avec David. Toutes ces quatre alliances étaient des promesses. Tandis que la cinquième alliance est l'accomplissement totale de toutes les promesses de l'arc dans la nue, de la circoncision de tous les mâles descendant ou proches d'Abraham, de la table de dix lois résumées en une seule loi par le Messie d'Israël et du monde, et de l'établissement d'une dynastie éternelle pour David. C'est dans ce sens qu'il faut entendre la distinction entre l'ancienne alliance de la montagne Sinaï et la nouvelle alliance de la montagne de Golgotha.

Comparons les deux alliances distinguées ci-haut selon Hébreux 8:7-9, 13:

(1) L'ancienne alliance est établie par Dieu seule. Il n'y a pas de garant du côté humain. Elle comprend des ordonnances pour le culte dont un sanctuaire terrestre voué à la disparition. La nouvelle alliance fut aussi établie par Dieu seule, mais avec une garant à la fois Dieu et homme. Il est l'homme parfait représentant tous les êtres humains devant le Dieu parfait. C'est par la foi en lui que tout être humain devient spirituellement parfait (Colossiens 1:28).

(2) Le chemin du lieu très saint qui mène au trône de Dieu n'est pas ouverte dans l'ancienne alliance. Un grand rideau sépare le lieu saint du lieu très saint. Le représentant du peuple de Dieu s'arrête chaque jour durant toute l'année au lieu saint pour offrir les prières avec des parfums sur l'autel d'or, illuminé par les sept lampes du chandelier et nourri par les douze pains de la table de proposition. Lors de la mort du Fils de Dieu sur La croix à Jérusalem, le voile du temple se déchira (Matthieu 27:50-51), la séparation entre Dieu et les êtres humains tomba, le chemin menant au trône de Dieu était désormais ouvert à tous ceux qui allait s'approcher de Dieu par le sang de l'Agneau. Par lui, nous pouvons désormais entrer avec confiance dans le saint des saints ( Hébreux 10:19-20).

(3) Dans l'ancienne alliance, une seule fois l'an,pendant le fête de Yom Kippour, le Souverain Sacrificateur du peuple de Dieu entrait dans le saint des saints pour asperger le sang du sacrifice sur le propitiatoire et recevoir la révélation de l'Éternel pour son peuple. Tandis que dans la nouvelle alliance, quiconque croit en Jésus-Christ, le Grand Souverain

Sacrificateur, peut s'approcher du trône du Père céleste avec assurance n'importe quand ( Hébreux 4:14-16).

(4) Les dons, les offrandes, les sacrifices et les holocaustes présentés à l'autel du parvis du sanctuaire terrestre dans l'ancienne alliance ne peuvent ôter les péchés du peuple de Dieu et le rendre parfait. Le sang des boucs, des boeufs, des brebis et des agneaux ne peut rendre parfaitement purs les sacrifiants. Le sacerdoce de la nouvelle alliance transcende le sacerdoce de l'ancienne alliance par la perfection totale de son sacrifice unique et de son sacrificateur éternel. Le sang du Grand Souverain Sacrificateur purifie parfaitement tous les sacrifiants ( Hébreux 9:11-14).

(5) L'ancienne alliance comprend des commandements et des règles qu'il faut suivre scrupuleusement pour plaire à Dieu. Personne n'est capable de respecter toutes ces lois et ces ordonnances, au nombre de six.-cents treize. Au lieu de sauver le peuple de Dieu, la loi de l'ancienne alliance le condamne et le culpabilise. Elle révèle à chaque individu qui s'approche de Dieu sa véritable nature corrompue par le péché originel, par conséquent son incapacité totale de faire le bien. D'où la lutte constante de la conscience avec elle-même. Quand elle veut faire le bien, c'est le mal qui se manifeste. Paul nous donne un résumé concernant cette tension spirituelle entre notre nature pécheresse et la loi de Dieu dans Romains 7:12-21, « **La loi donc est sainte, et le commandement est saint, juste et bon. Ce qui est bon a-t-il donc été pour moi une cause de mort? Loin de là! Mais c'est le péché, afin qu'il se manifestât comme péché en me donnant la mort par ce qui est bon, et que, par le commandement, il devînt condamnable au plus haut point. Nous savons, en effet, que la loi est spirituelle; mais moi, je suis charnel, vendu au péché. Car je ne sais pas ce que je fais: je ne fais point ce que je veux, et je fais ce que je hais. Or, si je fais ce que je ne veux pas, je reconnais par là que la loi est bonne. Et maintenant ce n'est plus moi qui le fais, mais c'est le péché qui habite en moi. Ce qui est bon, je le sais, n'habite pas en moi, c'est-à-dire dans ma chair: j'ai la volonté, mais non le pouvoir de faire le bien. Car je ne fais pas le bien que je veux, et je fais le mal que je ne veux pas. Et si je fais ce que je ne veux pas, ce n'est plus moi qui le fais, c'est le péché qui habite en moi. Je trouve donc en moi cette loi: quand je veux faire le bien, le mal est attaché à moi.** »

(6) Le sang des taureaux et des boucs, avec la cendre d'une vache innocente, ne peut ôter les péchés des humains et transformer leurs coeurs de pierre en coeurs de chair. Ce sang peut temporairement apaiser la conscience du pécheur, mais jamais le délivrer totalement de ses iniquités et de sa nature charnelle. Prenez le temps d'étudier les différents sacrifices prescrits dans le livre de Lévitique ( chapitres 1 à 7) et vous verrez la grande quantité de sang versé chaque jour par les prêtres de l'ancienne alliance pour le pardon et l'expiation des péchés du peuple de Dieu. Mais ce sang ne pouvait et ne peut pas faire l'expiation totale des péchés d'Israël. Certains peuples ont inventé plusieurs rites de purification individuelle et collective. Mais aucun de ces rites ne saurait délivrer les êtres humains de leurs péchés. Le Fils unique de Dieu fit l'expiation totale de nos péchés avec son propre sang ( Hébreux 9:11-15).

(7) Les animaux purs sacrifiés dans l'ancienne alliance ne sont que des figures de l'Agneau de Dieu qui devait venir se sacrifier lui-même sur un autel spécial au Calvaire, la croix maudite transformée en source intarissable du salut et de bénédictions du Père Éternel.

C'est ici que la parole métaphorique de Jean 3:16 prend toute sa signification: «**Car Dieu a tant aimé le monde qu'il a donné son Fils unique, afin que quiconque croit en lui ne périsse point, mais qu'il ait la vie éternelle**. » Quelle révélation! Dieu a tant aimé le monde. Le monde est une métaphore vive qui revoit à tous les êtres humains. Le monde c'est moi, c'est toi, c'est nous. Dieu nous a tant aimés qu'il a donné son Fils unique. Encore une autre métaphore vive: « son Fils unique, son seul fils, le verbe de Dieu, la parole vivante et éternelle de Dieu, le saint et le véritable Fils de Dieu, l'Agneau de Dieu envoyé dans ce monde comme le plus grand don de Dieu à l'humanité, afin que quiconque croit en lui ne périsse point, ne se perd pas éternellement, mais qu'il ait la vie éternelle, la vie de Dieu, la vie du Père, du Créateur de tout l'univers. C'est le Fils de Dieu qui établit avec l'humanité déchue la nouvelle alliance, l'alliance éternelle. Dieu le Père était en lui à la croix réconciliant le monde avec lui-même.

## SEPT DYNAMIQUES DE LA NOUVELLE ALLIANCE

Voici **sept dynamiques de la nouvelle alliance** dont l'ancienne n'était qu'une image, une métaphore, une figure pour le temps messianique:

**La première dynamique visible et historique de la nouvelle alliance est le corps, la chair du Fils de Dieu**. La chair des animaux sacrifiés dans l'ancienne alliance n'était qu'une métaphore de la vraie chaire de l'Agneau de Dieu qui devait être sacrifié sur cette terre. Le fils de Dieu devint un être humain comme nous pour mourir à notre place. Par l'offrande de son propre corps, il nous a sauvés, transformés, recréés à l'image de son Père. C'est pour cette raison que le Seigneur Jésus-Christ nous donne sa chaire comme nourriture, afin que nous puissions nous unir à lui et former ensemble un seul corps conduit par son Esprit. C'est en mangeant ce pain descendu du ciel que nous recevons la vie éternel, la vie du Père qui est dans le Fils.

Hébreux 10:11-14 « C'est en vertu de cette volonté que nous sommes sanctifiés, par **l'offrande du corps de Jésus Christ**, une fois pour toutes. Et tandis que tout sacrificateur fait chaque jour le service et offre souvent les mêmes sacrifices, qui ne peuvent jamais ôter les péchés, lui, après avoir offert un seul sacrifice pour les péchés, s'est assis pour toujours à la droite de Dieu, attendant désormais que ses ennemis soient devenus son marchepied. Car, par une seule offrande, il a amené à la perfection pour toujours ceux qui sont sanctifiés. »

Psaumes 40:6-8 « **Tu ne désires ni sacrifice ni offrande**, Tu m'as ouvert les oreilles; Tu ne demandes ni holocauste ni victime expiatoire. Alors je dis: Voici, je viens Avec le rouleau du livre écrit pour moi. **Je veux faire ta volonté, mon Dieu!** Et ta loi est au fond de mon coeur. »

Hébreux 10:5-7 « C'est pourquoi Christ, entrant dans le monde, dit: Tu n'as voulu ni sacrifice ni offrande, **Mais tu m'as formé un corps**; Tu n'as agréé ni holocaustes ni sacrifices pour le péché. Alors j'ai dit: **Voici, je viens (Dans le rouleau du livre il est question de moi) Pour faire, ô Dieu, ta volonté.** »

Jean 6:33-35 « Jésus leur dit: En vérité, en vérité, je vous le dis, Moïse ne vous a pas donné le pain du ciel, mais mon Père vous donne le vrai pain du ciel; car le pain de Dieu, c'est celui qui descend du ciel et qui donne la vie au monde. Ils lui dirent: Seigneur, donne-nous toujours ce pain. Jésus leur dit: Je suis le pain de vie.

Celui qui vient à moi n'aura jamais faim, et celui qui croit en moi n'aura jamais soif. »

Jean 6:47 -61 « En vérité, en vérité, je vous le dis, celui qui croit en moi a la vie éternelle. Je suis le pain de vie. Vos pères ont mangé la manne dans le désert, et ils sont morts. C'est ici le pain qui descend du ciel, afin que celui qui en mange ne meure point. Je suis le pain vivant qui est descendu du ciel. Si quelqu'un mange de ce pain, il vivra éternellement; et **le pain que je donnerai, c'est ma chair, que je donnerai pour la vie du monde**. »

Matthieu 26:26 « Pendant qu'ils mangeaient, Jésus prit du pain; et, après avoir rendu grâces, il le rompit, et le donna aux disciples, en disant: **Prenez, mangez, ceci est mon corps.** »

Marc 14:22 « Pendant qu'ils mangeaient, Jésus prit du pain; et, après avoir rendu grâces, il le rompit, et le leur donna, en disant: **Prenez, ceci est mon corps**. »

Luc 22:19 « Ensuite il prit du pain; et, après avoir rendu grâces, il le rompit, et le leur donna, en disant: **Ceci est mon corps, qui est donné pour vous; faites ceci en mémoire de moi.** »

Le corps de Jésus est l'offrande la plus précieuse qu'il donna à son Père pour notre salut. Son corps fut chargé de toutes nos transgression dès sa conception, tout en étant sans péché et parfaitement saint. Son corps est le pain de vie qu'il nous donne à manger pour recevoir la vie éternelle. Son corps porta nos souffrances sur la croix, fut chargé de toutes nos douleurs, blessé et humilié pour nos péchés, brisé pour nos iniquité. Le châtiment qui nous donne la paix est tombé sur son corps. Et, comme le prophète Esaïe le déclara sept siècles avant sa venue au monde: c'est par ses meurtrissures que nous sommes guéris (Esaïe 53:4-5). L'apôtre Pierre reprend cette révélation dans 1 Pierre 2:24. Le corps d'un boeuf, d'une brebis ou d'un agneau sacrifié avec un chapelet de prières ne pouvait et ne peut nous apporter le salut de notre corps. Seul le corps du Fils de Dieu, le corps du Messie, le corps de Dieu fait homme, seul ce corps précieux sauve notre corps de toute iniquité et de toute maladie.

Le corps du Fils crucifié à la croix est comme la brebis donnée à Abraham à Morija pour être sacrifiée à la place de son fils Isaac. Mais pourquoi l'Agneau de Dieu fut-il immolé sur une croix au lieu d'être sacrifié sur un autel? Son sacrifice dépasse le rite sacrificiel de la religion juive. Il paya le prix de notre salut sur une croix maudite. La croix était un instrument de torture pour les maudits et les meurtriers. Elle était le symbole de la malédiction. « Maudit quiconque est pendu au bois », dit l'apôtre Paul aux Galates (3:13). En acceptant de mourir sur la croix, le Messie devint malédiction pour nous transformer en bénédiction devant son Père et dans le monde. Du coup, le symbole de la malédiction se transforma en signe de bénédiction et d'amour divin, signe de pardon et de rédemption, signe de restauration de l'imago Dei jadis défigurée par le péché. La présence du corps de l'Agneau de Dieu sur la croix donna naissance au nouvel être humain créé en lui. C'est le sens de ces merveilleuses paroles de Paul que nous lisons dans 2 Corinthiens 5:17: «Si quelqu'un est en Christ, il est une nouvelle créature. Les choses anciennes sont passées; voici, toutes choses sont devenues nouvelles. »

« Barabbas, le criminel notoire condamné à mort, a connu par expérience la signification de la croix. Le Fils innocent de Dieu s'est substitué à lui, redonnant ainsi au coupable sa liberté. Comme pour Barabbas, notre sentence de mort a été annulée et, bien que nous en soyons indignes, Jésus nous a libérés. La croix continue d'offrir vie et liberté à ceux qui ne les méritent pas[20]. » Sans le corps du Messie sur la croix maudite, celle-ci ne signifie rien au niveau spirituel. Mais avec le corps du Christ suspendu sur ce bois infâme, ce lieu de supplice se transforme en lieu de victoire sur la malédiction universelle, la maladie et la mort. Le corps du Christ sacrifié donne la vie éternelle à tous les morts spirituelles qui se tournent vers lui et acceptent la réconciliation avec son Père en lui. Manger son corps s'est entrer et demeurer en communion avec lui; c'est être uni à lui dans son corps pour vivre avec lui auprès du Père céleste. Manger son corps c'est accepté de faire partie de la nouvelle alliance de Dieu établie éternellement par l'Agneau immolé. Grâce au sacrifice de son corps, tout être humain peut aujourd'hui être image de Dieu dans ce monde. La première base de la nouvelle alliance est donc le corps de Jésus-Christ de Nazareth. Sans le sacrifice de son corps, il n'y a pas de salut pour nos corps.

**La seconde dynamique de la nouvelle alliance en Christ est le sang de Jésus**. Ce sang venant directement de Dieu son Père est sans péché originel. C'est le seul sang qui est efficace pour ôter le péché originel, nous dépouiller de notre vieille nature sur la croix de Christ. Jésus versa son sang sur la croix maudite du Calvaire pour nous laver, nous délivrer de tous nos péchés et nous régénérer ou nous recréer à l'image de son Père, afin que nous soyons ses fils et ses filles capables de demeurer dans son amour, de l'adorer en esprit et en vérité, de combattre victorieusement le bon combat de la foi et de le servir dans le sacerdoce de son royaume.

[20] https://www.encontact.org/lumiere-du-matin/la-signification-de-la-croix

Apocalypse 1:5b-6 «A celui qui nous aime, **qui nous a délivrés de nos péchés par son sang**, et **qui a fait de nous un royaume, des sacrificateurs pour Dieu son Père**, à lui soient la gloire et la puissance, aux siècles des siècles! Amen! » Apocalypse 5:9-10 «Tu es digne de prendre le livre, et d'en ouvrir les sceaux; **car tu as été immolé, et tu as racheté pour Dieu par ton sang des hommes de toute tribu, de toute langue, de tout peuple, et de toute nation; tu as fait d'eux un royaume et des sacrificateurs pour notre Dieu**, et ils régneront sur la terre. »

Soyons très attentif à ces deux grands textes de la Bible. L'Agneau de Dieu nous aime. Telle est la première révélation que l'Esprit nous donne à travers cette parole inspirée. Cette déclaration est pleine de signification. Jésus nous aime tellement qu'il a donné sa propre vie et nous a délivrés de nos péché par son sang. Il nous a parfaitement sauvés et a fait de nous un royaume, le royaume éternel de Dieu, et des sacrificateurs pour Dieu son Père. Par son sang, il a racheté des hommes de toute tribu, de toute langue, de tout peuple, et de toute nation, et il a fait de tous ces êtres humains rachetés par son sang un royaume et des sacrificateurs pour notre Dieu.

Tous les rachetés de l'Éternel régneront avec le Lion de la tribu de Juda sur la terre. Tel est l'objectif ultime de la nouvelle alliance. Il nous a rachetés par son sang pour faire de nous, non pas des chrétiens ou des membres d'une dénomination ou d'une corporation religieuse, mais un royaume des sacrificateurs pour Dieu son Père. Nous sommes un royaume et des sacrificateurs de Dieu, un royaume et des sacrificateurs, et pas des chrétiens et des partisans d'une religion donnée. Nous sommes en communion avec le Créateur de tout l'univers, notre Père céleste en Jésus-Christ. Nous formons le corps du Christ, l'église du Dieu vivant, une royaume des sacrificateurs. Il n'y a pas des laïcs d'une part et des membres du clergé dans l'Église du royaume des sacrificateurs. Nous sommes tous membres du corps du Christ, rachetés par le sang de l'Agneau, et établis par le Grand Souverain Sacrificateur sacrificateurs actifs du royaume de Dieu son Papa. Nous devons à chaque instant chercher d'abord le royaume de Dieu et sa justice, aimant de tout notre être le Père Céleste et l'adorant le Père en Esprit et en vérité, tout en accomplissant les oeuvres qu'il a prévues dans sa prescience pour notre mission sur cette terre, en attendant l'entrée dans sa félicité.

Voici ce que le Seigneur Jésus déclara solennellement lors de l'inauguration de la sainte communion dans la chambre haute quelques heures avant son arrestation, sa condamnation à la peine capitale et sa mort expiatoire sur la croix au Calvaire:

Matthieu 26:27-29 «Il prit ensuite une coupe; et, après avoir rendu grâces, il la leur donna, en disant: **Buvez-en tous; car ceci est mon sang, le sang de l'alliance, qui est répandu pour plusieurs, pour la rémission des péchés.** Je vous le dis, je ne boirai plus désormais de ce fruit de la vigne, jusqu'au jour où j'en boirai du nouveau avec vous dans le royaume de mon Père. »

Marc 14:24 «Il prit ensuite une coupe; et, après avoir rendu grâces, il la leur donna, et ils en burent tous. Et il leur dit: **Ceci est mon sang, le sang de l'alliance, qui est répandu pour plusieurs**. Je vous le dis en vérité, je ne boirai plus jamais du fruit de la vigne, jusqu'au jour où je le boirai nouveau dans le royaume de Dieu. Après avoir chanté les cantiques, ils se rendirent à la montagne des oliviers. »

Luc 22: 20 «Il prit de même la coupe, après le souper, et la leur donna, en disant: **Cette coupe est la nouvelle alliance en mon sang, qui est répandu pour vous**. »

Ceci est mon sang! Cette coupe est la nouvelle alliance en mon sang, répandu pour vous! Quelle métaphore. Le fruit de la vigne représente le sang de Jésus. Et cette coupe est la nouvelle alliance en son sang. Telle est la différence entre l'ancienne alliance de Sinaï et l'alliance de la chambre haute et du Calvaire. Lors de l'ancienne alliance, Moïse n'avait pas le sang de l'Agneau parfait. Il ne disposait que du sang de boeuf et de bouc. Mais lors de la nouvelle alliance, Jésus-Christ offrit son propre sang, le sang pur, le sang sans souillure, capable de nous sanctifier et de nous régénérer. La différence est de taille.

Le sang de Jésus-Christ parle continuellement à notre faveur auprès du Père. Selon Hébreux 12:24b, le sang de l'aspersion, c'est-à-dire le sang que nous pouvons continuellement asperger dans le monde, ce sang parle mieux que le sang d'Abel. Alors que le sang d'Abel parle pour la condamnation de Caïn le premier meurtrier et de tous les meurtriers de l'histoire humaine, le sang de Jésus-Christ parle pour le pardon et la délivrance de tous les pécheurs, y compris les meurtriers. Le Sang de Christ nous sanctifie en nous purifiant continuellement quand nous marchons jour et nuit avec lui. 1 Jean 1:7 «**Mais si nous marchons dans la lumière, comme il est lui-même dans la lumière, nous sommes mutuellement en communion, et le sang de Jésus son Fils nous purifie de tout péché.**»

Selon sa prescience, le Père nous a élus, par la sanctification pour que nous devenions obéissant et que nous participions à l'aspersion du sang de Jésus-Christ. Cette révélation contenue dans 1 Pierre 1:2b confirme notre établissement dans le sacerdoce royal du Souverain Sacrificateur et Roi de tout l'univers. En prenant la coupe bénie de la sainte communion, nous confessons par la foi que nous avons reçu en nous la vie de Christ; car le sang de Christ c'est sa vie. Par conséquent, nous sommes mis à part, justifiés et sanctifiés pleinement et totalement pour participer à l'aspersion de son sang partout où le Saint-Esprit nous conduit.

Le sang de Jésus-Christ nous donne accès auprès du Père. Il n'y a plus de séparation entre le lieu saint et le saint des saints. Nous pouvons désormais entrer dans la présence glorieux de notre Créateur par le sang de l'Agneau immolé. Hébreux 10:19-22 «**Ainsi donc, frères, puisque nous avons, au moyen du sang de Jésus, une libre entrée dans le sanctuaire par la route nouvelle et vivante qu'il a inaugurée pour nous au travers du voile, c'est-à-dire, de sa chair, et puisque nous avons un souverain sacrificateur établi sur la maison de Dieu, approchons-nous avec un cœur sincère, dans la plénitude de la foi, les cœurs purifiés d'une mauvaise conscience, et le corps lavé d'une eau pure.**»

Plus besoin de sacrifier des animaux ou des êtres humains pour plaire à Dieu et apaiser nos consciences coupables. Le sang de Jésus-Christ nous ayant transformés en enfants de Dieu, nous pouvons nous approcher de lui n'importe quand. La réconciliation verticale fut totalement accomplie par Dieu lui-même quand son propre fils gémissait sur la croix maudite. C'est sur cette croix que tous mes péchés furent effacés et toutes mes fautes pardonnés. Et sur la même croix, son sang nous réconcilia avec nous-mêmes en nous recréant à l'image de Dieu, nous donnant ainsi de retrouver notre vraie identité en Christ.

Le sang de Jésus-Christ nous a aussi réconciliées horizontalement entre nous, entre Juifs et non-Juifs, entre les tribus, les nations, les peuples et les différentes races de la terre. Il est notre paix, nous dit Paul dans sa lettre aux Éphésiens 2:13-18 : « Mais maintenant, en Jésus-Christ, **vous qui étiez jadis éloignés, vous avez été rapprochés par le sang de Christ**. Car **il est notre paix**, lui qui des deux n'en a fait qu'un, et qui a renversé le mur de séparation, l'inimitié, ayant anéanti par sa chair la loi des ordonnances dans ses prescriptions, afin de créer en lui-même avec les deux un seul homme nouveau, en établissant la paix, et de les réconcilier, l'un et l'autre en un seul corps, avec Dieu par la croix, en détruisant par elle l'inimitié. **Il est venu annoncer la paix à vous qui étiez loin, et la paix à ceux qui étaient près; car par lui nous avons les uns et les autres accès auprès du Père, dans un même Esprit.**»

Le sang de Jésus nous a tellement rapprochés les uns les autres que nous sommes devenus un seul corps en lui, nous tous qui sommes sauvés par son sang, remplis et conduits par son Esprit. Le sang de Christ a purifié nos conscience de toutes les oeuvres mortes et nous a rendus capables de servir le Dieu vivant (Hébreux 9:14).

Par notre témoignage concernant l'oeuvre du salut parfaitement accompli au Calvaire par le sang de l'Agneau immolé, nous avons vaincu le serpent ancien, le dragon, le diable. Car la vie du Seigneur Jésus-Christ qui est en nous est une vie de victoire totale sur le diable et ses démons. Par la mort de Jésus au Calvaire, le Père répandit le sang de l'Agneau sur toute la terre et dans tout l'univers, neutralisant ainsi tous les esprits impurs et malins et libérant les captifs au nom de Jésus-Christ.

**La troisième dynamique de la nouvelle alliance en Jésus-Christ est l'eau qui sortit de son corps au Calvaire**. Cette eau pure confirma la puissance de la parole vivante de Dieu, le Messie, pour laver nos vies afin que nous puissions porter ses vêtements saints. Quand on perça son côté droit, une eau pure jaillit de son corps. Jean 19:33-35 «S'étant approchés de Jésus, et le voyant déjà mort, ils ne lui rompirent pas les jambes; mais un des soldats lui perça le côté avec une lance, et aussitôt il sortit du sang et de l'eau. Celui qui l'a vu en a rendu témoignage, et son témoignage est vrai; et il sait qu'il dit vrai, afin que vous croyiez aussi.»

Cette eau jaillissant du corps mort de Jésus de Nazareth était une image de l'accomplissement de cette grande promesse de Dieu à Israël et à tous les élus avant la fondation du monde: Ézékiel 36:25-26 «**Je répandrai sur vous une eau pure, et vous serez purifiés; je vous purifierai de toutes vos souillures et de toutes vos idoles**. Je vous donnerai un cœur nouveau, et je mettrai en vous un esprit nouveau; j'ôterai de votre corps le cœur de pierre, et je vous donnerai un cœur de chair. Je mettrai mon esprit en vous, et je ferai en sorte que vous suiviez mes ordonnances, et que vous observiez et pratiquiez mes lois.» L'eau du corps de Jésus nous purifia de toutes nos souillures et de toutes nos idoles. Notre ancien coeur corrompu et malade fut remplacé au calvaire par un nouveau coeur soumis à Dieu, rempli d'amour et capable d'observer et de pratiquer les lois spirituelles.

Nous retrouvons dans la nouvelle alliance trois données dynamique venant directement du corps de Jésus-Christ: sa chair, son sang et son eau. Ces substance de son être étaient offertes par son Esprit au Calvaire. C'est en se basant sur cette révélation que l'apôtre Jean souligna le fait qu'il y an a trois qui rendent témoignage: 1 Jean 5:7-8 « Esprit, l'eau et le sang, et tous les trois sont en accord. »

**La quatrième dynamique de la nouvelle alliance en Christ est l'Esprit Éternel** qui était en action sur la croix maudite, dans le séjour des morts, au paradis puis lors de la résurrection de Jésus de Nazareth. Les sacrifices offerts par Noé, Abraham, Moïse et le roi David n'avait pas l'Esprit Éternel de Jésus. Il est vraiment l'Agneau de Dieu. Les autres agneaux n'étaient des images du vrai Agneau qui devait venir donner sa propre vie sur une croix maudite. Par son Esprit Éternel, Jésus était dans le Père et le Père était en lui réconciliant le monde avec lui-même. Avec de rendre son dernier soupir, il prit soin de remettre son Esprit au Père. Il pouvait ainsi facilement le récupérer dans l'au-delà et poursuivre son travail spirituel avec la puissance illimité du Saint-Esprit. Voici comment le Messie du monde entier expira devant le centenier de l'armée romaine: Luc 23:44 - 47 «Le soleil s'obscurcit, et le voile du temple se déchira par le milieu. **Jésus s'écria d'une voix forte: Père, je remets mon esprit entre tes mains**. Et, en disant ces paroles, il expira. Le centenier, voyant ce qui était arrivé, glorifia Dieu, et dit: Certainement, cet homme était juste.» Et voici ce que nous dit l'apôtre Pierre concernant le travail de l'Esprit après la mort du Messie: «Christ aussi a souffert une fois pour les péchés, lui juste pour des injustes, afin de nous amener à Dieu, a**yant été mis à mort quant à la chair, mais ayant été rendu vivant quant à l'Esprit, dans lequel aussi il est allé prêcher aux esprits en prison, qui autrefois avaient été incrédules, lorsque la patience de Dieu se prolongeait, aux jours de Noé,** pendant la construction de l'arche, dans laquelle un petit nombre de personnes, c'est-à-dire, huit, furent sauvées à travers l'eau.» L'Esprit de Dieu ne meurt pas. Il était avec le Messie avant sa conception, à sa naissance, pendant sa vie sur la terre, sur la croix, à sa mort, après sa mort et sa résurrection, à son ascension. Il est dans son corps aujourd'hui dans le monde. C'est le sceau de Dieu sur nous. Éphésiens 1:13 -14 «Christ aussi a souffert une fois pour les péchés, lui juste pour des injustes, afin de nous amener à Dieu, ayant été mis à mort quant à la chair, mais ayant été rendu vivant quant à l'Esprit, dans lequel aussi il est allé prêcher aux esprits en prison, qui autrefois avaient été incrédules, lorsque la patience de Dieu se prolongeait, aux jours de Noé, pendant la construction de l'arche, dans laquelle un petit nombre de personnes, c'est-à-dire, huit, furent sauvées à travers l'eau.»

Cette opération souterraine de Jésus mort humainement constitue une grande révélation concernant ce qui se passe après la mort de tout être humain. Il y a une vie après la vie. L'esprit ne meurt pas. Et si nous sommes oint et remplis du Saint-Esprit, nous entrons dans la plénitude de la vie de Dieu après cette vie. Le Saint-Esprit est le Sceau de Dieu qui nous identifie dans le royaume de son amour. Éphésiens 1:13-14 «**En lui vous aussi, après avoir entendu la parole de la vérité, l'Évangile de votre salut, en lui vous avez cru et vous avez été scellés du Saint-Esprit qui avait été promis, lequel est un gage de notre héritage, pour la rédemption de ceux que Dieu s'est acquis, à la louange de sa gloire**.» Soyons attentifs à la présence et à l'action du Saint-Esprit dans nos. Car il est le seul qui nous accompagnons dans la vallée de l'ombre de la mort et nous aide à passer de ce monde au royaume de Dieu. C'est dans ce sens que nous devons comprendre l'exhortation de Paul aux chrétiens d'Éphèse et à tous les disciples de Jésus-Christ:

Éphésiens 4:30 «**N'attristez pas le Saint-Esprit de Dieu, par lequel vous avez été scellés pour le jour de la rédemption**.» Le Saint-Esprit, présent lors de l'incarnation du Fils de Dieu dans le sein de la vierge Marie, était actif tout au long du ministère publique de Jésus. Présent au Jourdain pendant son baptême, actif pour conduire le Messie au désert où il passa quarante jours et quarante nuits sans manger ni boire, tenté par le diable, actif lors de la communication de son premier message prophétique dans la Synagogue de Nazareth, présent et très actif pendant ses puissantes prédications et ses nombreuses délivrances et guérisons, l'Esprit de Dieu demeure omniprésent et toujours actifs avec les disciples que le Seigneur Jésus baptise du Saint-Esprit et de feu, jusqu'aux derniers jours de l'histoire de cette terre. Car, quelque soit la situation critique que nous connaissons dans ce monde, dans les derniers jours, dit l'Éternel par la bouche du prophète Joël (2:28-32), « «Après cela, je répandrai mon esprit sur toute chair; Vos fils et vos filles prophétiseront, Vos vieillards auront des songes, Et vos jeunes gens des visions. Même sur les serviteurs et sur les servantes, Dans ces jours-là, je répandrai mon esprit. Je ferai paraître des prodiges dans les cieux et sur la terre, Du sang, du feu, et des colonnes de fumée; Le soleil se changera en ténèbres, Et la lune en sang, Avant l'arrivée du jour de l'Éternel, De ce jour grand et terrible. Alors quiconque invoquera le nom de l'Éternel sera sauvé; Le salut sera sur la montagne de Sion et à Jérusalem, Comme a dit l'Éternel, Et parmi les réchappés que l'Éternel appellera.» La nouvelle alliance de Dieu en Christ assure la réalisation littérale de cette promesse telle que confirmée par l'apôtre Pierre le jour de la première Pentecôte de l'Église du Seigneur Jésus. Actes 2:17-21 «Dans les derniers jours, dit Dieu, je répandrai de mon Esprit sur toute chair; Vos fils et vos filles prophétiseront, Vos jeunes gens auront des visions, Et vos vieillards auront des songes. Oui, sur mes serviteurs et sur mes servantes, Dans ces jours-là, je répandrai de mon Esprit; et ils prophétiseront. Je ferai paraître des prodiges en haut dans le ciel et des miracles en bas sur la terre, Du sang, du feu, et une vapeur de fumée; Le soleil se changera en ténèbres, Et la lune en sang, Avant l'arrivée du jour du Seigneur, De ce jour grand et glorieux. Alors quiconque invoquera le nom du Seigneur sera sauvé.» Le Saint-Esprit agis encore aujourd'hui sur toute la terre et dans le monde entier. Ne le négligeons pas. Ne l'attristons pas. Car c'est lui, Dieu le Saint-Esprit, le Sceau divin sur notre vie pour le jour de la rédemption. C'est grâce à la présence active du Saint-Esprit en nous, sur nous et parmi nous que nous seront authentifier comme étant fils et fille de Dieu, disciple de Jésus-Christ, nés d'eau et d'Esprit, rachetés par le sang de l'Agneau et formant un royaume des sacrificateurs pour Dieu notre Père.

**La cinquième dynamique de l'alliance de la chambre haute et du calvaire est la parole du Messie de tout l'univers**, parole d'autorité, parole de pardon, parole d'absolution, parole de réconciliation parfaite et totale avec Dieu, avec nous-mêmes et entre nous par le sang de l'Agneau. Les animaux sacrifiés par Noé, Abraham, Moïse et le roi David mourrait sans parler. Ils gémissaient peut-être, mais ils ne disaient rien concernant le salut des pécheurs pour lesquels on les sacrifiait. Mais l'Agneau de Dieu dit des paroles puissantes et pleines de grâce sur la croix.

Isaac posa la question à son père Abraham quand ils se dirigeaient ensemble vers le lieu de sacrifice à Morija: Genèse 22:7 « Mon père! Et il répondit: Me voici, mon fils! Isaac reprit: Voici le feu et le bois; mais où est l'agneau pour l'holocauste? » Et son père Abraham lui répondit: Genèse 22:8 « Mon fils, Dieu se pourvoira lui-même de l'agneau pour l'holocauste. Et ils marchèrent tous deux ensemble.» Puis arrivé au lieu du sacrifice, situé peut-être sur le même site que l'Agneau de Dieu fut immolé, le père Abraham y éleva un autel, rangea le bois, prit son fils Isaac, le fils de l'alliance, le fils de la promesse, le fils héritier, l'unique fils de Sara, il le lia et le mit sur l'autel, par-dessus le bois. Puis il étendit la main, avec son gros couteau, et voulut égorger le petit Isaac qui ne disait rien et voyait sa mort venir. C'était une métaphore du sacrifice ultime du fils de Dieu pour racheté les pécheurs. L'ange de l'Éternel intervint. Il l'appela des cieux et lui dit de ne pas sacrifier l'enfant, car son geste suffisait pour démontrer qu'il craignait Dieu et n'avait pas refusait de lui donner son fils, son héritier, son unique. Abraham leva les yeux et vit derrière lui un bélier retenu dans les buissons par les cornes. Il comprit le message divin. Il apprit que Dieu seul peut donner aux hommes le sacrifice qui lui ai agréable. Il prit le brebis et le sacrifia à la place de son fils. Ce bélier était l'image du Fils de Dieu qui vint mourir à la place d'Isaac et de toute la descendance spirituelle d'Abraham. Cependant le bélier de Morija ne dit aucun mot en mourant.

Mais l'Agneau crucifié parla au Calvaire. Voici sept paroles perlocutionnaires de Jésus-Christ , - des paroles ayant une fonction perlocutoire, produisant des actes de Dieu et des effets spirituels concrets visés par le Seigneur et Sauveur du monde mourant sur la croix -, reproduites dans les Évangiles:

Première parole: **La parole du pardon de l'Agneau immolé**, le pardon demandé solennellement au Père par le Grand et Unique Souverain Sacrificateur et le vrai Sacrifice, selon Luc 23: 43 « **Père, pardonne-leur car ils ne savent ce qu'ils font**. »

Deuxième parole: **l'assurance du salut** au pécheur repentant sur la croix et la révélation du chemin qui conduit auprès du Père selon Luc 23:43 « **Je te le dis en vérité, aujourd'hui tu seras avec moi dans le paradis**. » Quel réponse merveilleuse à ce brigand qui pensait peut-être au salut à la fin des temps? L'alliance

du Calvaire nous sauve aujourd'hui et nous conduit au paradis après la vie ici-bas. Quelle assurance!
Troisième parole: un fils pour sa mère et une mère pour son disciple bien-aimé selon Jean 19:26-27 « **Jésus voyant sa mère, et auprès d'elle le disciple qu'il aimait, il dit à sa mère : « Femme, voici ton fils ». Puis il dit au disciple: « Voici ta mère ».** » Par cette parole, l'Agneau immolé redéfinit la relation-mère fils et fils-mère en référence à la nouvelle alliance. Nous sommes désormais membres d'une seul corps et d'une seule et même famille. Mon père, ma mère, ma soeur, mon frère est chaque personne nées du Père céleste, née d'eau et du Saint-Esprit.

Quatrième parole: **La parole de souffrance du Fils sacrifié**. Matthieu 27:46 « **Mon Dieu, Mon Dieu pourquoi m'as-tu abandonné.** » Un **cri d'angoisse** du Fils unique de Dieu se sentant abandonné à la souffrance et à la mort par celui qui devait assurer sa protection. Comment comprendre le fait que Dieu abandonna Dieu? Impossible. Car Dieu ne peut se séparer de son lui-même. Mais ce cri nous révèle la réalité de la passion de Christ qui avait subi tous nos châtiments. C'est pourquoi le prophète Essaie déclare au chapitre 35:5 «**Mais il était blessé pour nos péchés, Brisé pour nos iniquités; Le châtiment qui nous donne la paix est tombé sur lui, Et c'est par ses meurtrissures que nous sommes guéris**.» Tous nos péchés, toutes nos iniquités, toutes nos transgressions, toutes nos fautes étaient sur lui. Par conséquent, il cessa d'être Dieu, car il devint l'incarnation du mal, de tout le pal présent, passé et futur. Il perdit sa propre identité et prit ma fausse identité pour me donner une nouvelle identité. Séparé de Dieu pour un temps, il me prit totalement en charge et mourut pour moi, à ma place. Quel amour!

Cinquième parole: **La parole de détresse du Serviteur sacrifié.** Jean 19:30 « **J'ai soif.** » Ce cri démontre que le Fils de Dieu était un vrai être humain qui a souffert sérieusement pour nous sauver. Qu'il avait faim et soif sur cette terre. Qu'il connait bien notre situation humaine. Au lieu d'étancher sa soif avec de l'eau, les soldats remplirent une éponge avec de la drogue, la fixa sur une branche d'hysope et l'approcher de sa bouche. O combien les êtres humains sont sans coeurs, très méchants! Que fit-il de mal pour être traité comme un meurtrier? Plusieurs martyrs subirent le même sort que notre Sauveur. Jésus était le seul qui pouvait comprendre leur souffrance et étancher leur soif.

Sixième parole: **La parole d'accomplissement du salut pour tous.** Jean 19:30 « **Tout est accompli**. » Alors que le Diable pensait l'avoir neutralisé sur la croix, Jésus déclara solennellement: « Tout est accompli. » Le salut de toute l'humanité est accompli. Le royaume de Dieu, royaume d'amour, de paix, de joie, de justice, de lumière, de vie et de vérité, est accompli. La délivrance est accompli. La victoire sur le malin est accomplie. La réconciliation avec Dieu, avec nous-mêmes et entre nous est accompli. « Tout est accompli. » C'est la victoire totale de Dieu sur la terre. Désormais plus rien n'est impossible concernant notre salut. Car tout est possible en Jésus le Messie. Crois au Seigneur Jésus et tu seras sauvé, toit et ta famille.

La septième et dernière parole de l'Agneau immolé mourant sur la croix maudite: **Le dernier soupir du Serviteur sacrifié.** Luc 23:46 « **Père, je remets mon esprit entre tes mains**. » C'était la dernière prière à son Père, une prière de la foi basée sur la connaissance du Père et de l'Éternité. Jésus expira paisiblement en remettant son esprit entre les mains puissantes de son Père qui ressuscite les morts et donne la vie, l'être et le mouvement. Il est mort dans l'assurance de la vie éternel et de la résurrection. Il savait qu'il allait revenir avec son Esprit sur cette terre passer quarante jours avec ses disciples. Il partit dans l'au-delà démolir les forteresses du prince du mal, de la malédiction et de la mort pour revenir à la vie avec les clés de la mort et du séjour des morts.

Quand le Seigneur Jésus parle, prenons soin de bien l'écouter. Car sa parole sont esprit et vie (Jean 6:63-64). Et la foi vient ce que nous entendons, de ce que nous entendons de la parole de Christ (Romains 10:17). Par conséquent, les sept paroles que nous venons de noter ci-dessus sont des paroles très puissantes et destinées nous alimenter spirituellement pour nous fortifier et nous transformer de gloire en gloire.

**La sixième dynamique de l'alliance de Dieu avec nous en Christ est le sacerdoce royal**. Rappelons-nous le fait que Jésus était au Calvaire en tant que Sacrificateur et Sacrifice. Il est le Souverain Sacrificateur. Cette fonction sacerdotale et sacrificielle du Messie est souvent ignorée par beaucoup de Chrétiens. Mais ses vrais disciples connaissent bien cette fonction divine. Une bonne partie de l'épître aux hébreux est consacrée à l'explication de cette révélation. Avant d'aller mourir en sacrifice au Calvaire, Jésus fit une longue prière de louange, d'adoration et d'intercession au Père. Cette prière est le modèles de ses interventions auprès de Dieu le Père en tant que Souverain Sacrificateur.

Arrêtez-vous ici, faites une pause pour lire intégralement toutes ses paroles inspirées que nous reproduisons intégralement ci-dessous: Dans Jean 17:1-5, Jésus nous révèle sa gloire avant de venir sur cette terre. Il demande au Père de la glorifier auprès de lui. Il veut rentrer dans sa gloire. Ça c'est à partir du trône de la gloire du Père qu'il va intervenir en faveur de ses disciples. Dans Jean 17:6-26, il se consacre à l'intercession pour ses disciples qu'il laisse dans le monde poursuivre sa mission. Telles sont les deux grandes sections de cette prière sacerdotale à travers laquelle le Souverain Sacrificateur enseigne à tous ses sacrificateurs comment prier à partir du trône de la gloire de Dieu. «**Après avoir ainsi parlé, Jésus leva les yeux au ciel, et dit: Père, l'heure est venue! Glorifie ton Fils, afin que ton Fils te glorifie, selon que tu lui as donné pouvoir sur toute chair, afin qu'il accorde la vie éternelle à tous ceux que tu lui as donnés. Or, la vie éternelle, c'est qu'ils te connaissent, toi, le seul vrai Dieu, et celui que tu as envoyé, Jésus-Christ. Je t'ai glorifié sur la terre, j'ai achevé l'œuvre que tu m'as donnée à faire. Et maintenant toi, Père, glorifie-moi auprès de toi-même de la gloire que j'avais auprès de toi avant que le monde fût. J'ai fait connaître ton nom aux hommes que tu m'as donnés du milieu du monde. Ils étaient à toi, et tu me les as donnés; et ils ont gardé ta parole. Maintenant ils ont connu que tout ce que tu m'as donné vient de toi. Car je leur ai donné les paroles que tu m'as données; et ils les ont reçues, et ils ont vraiment connu que je suis sorti de toi, et ils ont cru que tu m'as envoyé. C'est pour eux que je prie. Je ne prie pas pour le monde, mais pour ceux que tu m'as donnés, parce qu'ils sont à toi; et tout ce qui est à moi est à toi, et ce qui est à toi est à moi; et je suis glorifié en eux. Je ne suis plus dans le monde, et ils sont dans le monde, et je vais à toi. Père saint, garde en ton nom ceux que tu m'as donnés, afin qu'ils soient un comme nous. Lorsque j'étais avec eux dans le monde, je les gardais en ton nom. J'ai gardé ceux que tu m'as donnés, et aucun d'eux ne s'est perdu, sinon le fils de perdition, afin que l'Écriture fût accomplie. Et maintenant je vais à toi, et je dis ces choses dans le monde, afin qu'ils aient en eux ma joie parfaite. Je leur ai donné ta parole; et le monde les a haïs, parce qu'ils ne sont pas du monde, comme moi je ne suis pas du monde. Je ne te prie pas de les ôter du monde, mais de les préserver du mal. Ils ne sont pas du monde, comme moi je ne suis pas du monde. Sanctifie-les par ta vérité: ta parole est la vérité. Comme tu m'as envoyé dans le monde, je les ai aussi envoyés dans le monde. Et je me sanctifie moi-même pour eux, afin qu'eux aussi soient sanctifiés par la vérité. Ce n'est pas pour eux seulement que je prie, mais encore pour ceux qui croiront en moi par leur parole, afin que tous soient un, comme toi, Père, tu es en moi, et comme je suis en toi, afin qu'eux aussi soient un en nous, pour que le monde croie que tu m'as envoyé. Je leur ai donné la gloire que tu m'as donnée, afin qu'ils soient un comme nous sommes un, moi en eux, et toi en moi, afin qu'ils soient parfaitement un, et que le monde connaisse que tu m'as envoyé et que tu les as aimés comme tu m'as aimé. Père, je veux que là où je suis ceux que tu m'as donnés soient aussi avec moi, afin qu'ils voient ma gloire, la gloire que tu m'as donnée, parce que tu m'as aimé avant la fondation du monde. Père juste, le monde ne t'a point connu; mais moi je t'ai connu, et ceux-ci ont connu que**

**tu m'as envoyé. Je leur ai fait connaître ton nom, et je le leur ferai connaître, afin que l'amour dont tu m'as aimé soit en eux, et que je sois en eux.»**

À la fin de cette prière, il partagea avec ses disciples le pain et le vin de la sainte scène et proclama solennellement la nouvelle alliance en son sang. La marche vers le trône de la gloire était amorcée. Mais avant de retourner dans la gloire du Père le grand souverain sacrificateur devait passer par la croix et le tombeau comme Sacrifice suprême. Il devait entré dans le lieu très saint avec son propre sang. Il est le Grand Souverain Sacrificateur qui a traversé les cieux avec sa propre chair et son propre sang afin de le présenter auprès Père pour nous accorder la grâce de nous approcher du trône de Dieu avec assurance, afin d'obtenir miséricorde et d'être secourus dans nos besoins (Hébreux 4:14-16).

Tout souverain sacrificateur d'Israël devait offrir à Dieu des sacrifices pour ses propres péchés et ceux de son peuple. Mais Jésus est exceptionnel. Il est Souverain Sacrificateur selon l'ordre de Melchisédek. Son sacerdoce n'a ni commencement ni fin. Hébreux 7:15-17 «Cela devient plus évident encore, quand il paraît un autre sacrificateur à la ressemblance de Melchisédek, institué, non d'après la loi d'une ordonnance charnelle, mais selon la puissance d'une vie impérissable; car ce témoignage lui est rendu: Tu es sacrificateur pour toujours Selon l'ordre de Melchisédek.» Jésus à la fois le Sacrificateur et le Sacrifice parfait. Il est par conséquent le garant d'une alliance plus excellente, la nouvelle alliance, l'alliance éternelle.

Hébreux 7:22-28 «**Jésus est par cela même le garant d'une alliance plus excellente.** De plus, il y a eu des sacrificateurs en grand nombre, parce que la mort les empêchait d'être permanents. Mais lui, parce qu'il demeure éternellement, possède un sacerdoce qui n'est pas transmissible. C'est aussi pour cela qu'il peut sauver parfaitement ceux qui s'approchent de Dieu par lui, étant toujours vivant pour intercéder en leur faveur. **Il nous convenait, en effet, d'avoir un souverain sacrificateur comme lui, saint, innocent, sans tache, séparé des pécheurs, et plus élevé que les cieux, qui n'a pas besoin, comme les souverains sacrificateurs, d'offrir chaque jour des sacrifices, d'abord pour ses propres péchés, ensuite pour ceux du peuple, car ceci, il l'a fait une fois pour toutes en s'offrant lui-même**. En effet, la loi établit souverains sacrificateurs des hommes sujets à la faiblesse; mais la parole du serment qui a été fait après la loi établit le Fils, qui est parfait pour l'éternité.»

Jésus est au-dessus de tous les souverains sacrificateurs d'Israël. Il est le Cohen Gadol ( Grand Prêtre) par excellence. Il est saint, sans péché, immortel et parfait en tout. Il est entré dans la gloire de Dieu avec son propre sang. Il est établi pour nous présenter comme ses offrandes auprès du Père qui a agréer son sacrifice au Calvaire. Il a établi une fois pour toute une nouvelle alliance du Père avec ses élus par son propre sang. Il est le Souverain Sacrificateur dans les cieux et sur la terre. Hébreux 9:11-12 «**Mais Christ est venu comme souverain sacrificateur des biens à venir; il a traversé le tabernacle plus grand et plus parfait, qui n'est pas construit de main d'homme, c'est-à-dire, qui n'est pas de cette création; et il est entré une fois pour toutes dans le lieu très saint, non avec le sang des boucs et des veaux, mais avec son propre sang, ayant obtenu une rédemption éternelle**.»

Selon Hébreux 9:26, Christ s'est offert une fois pour toutes pour porter les péchés du monde entier. Il apparaître une seconde fois sans péché à tous ceux qui l'attendent pour leur salut. Sans en s'offrant au Père avec toute sa chair, son sang, l'eau de son corps et son esprit au Calvaire que Jésus le Messie nous a totalement racheté et à fait de nous un royaume des sacrificateurs pour Dieu son Père. Par conséquent, nous tous qui sommes nés d'eau et du Saint-Esprit, nous sommes des prêtres du royaume de Dieu chargés de l'aspersion du sang de Jésus dans toutes les nations afin de faire des disciples, de les baptiser au nom du Père, du Fils et du Saint-Esprit, et de leur enseigner tout ce que le Seigneur a prescrit à ses premiers disciples.

Matthieu 28:18-20 :«Jésus, s'étant approché, leur parla ainsi: Tout pouvoir m'a été donné dans le ciel et sur la terre. Allez, faites de toutes les nations des disciples, les baptisant au nom du Père, du Fils et du Saint-Esprit, et enseignez-leur à observer tout ce que je vous ai prescrit. Et voici, je suis avec vous tous les jours, jusqu'à la fin du monde.»

Luc 24:45-47, 49 «Alors il leur ouvrit l'esprit, afin qu'ils comprissent les Écritures. Et il leur dit: Ainsi il est écrit que le Christ souffrirait, et qu'il ressusciterait des morts le troisième jour, et que la repentance et le pardon des péchés seraient prêchés en son nom à toutes les nations, à commencer par Jérusalem... Et voici, j'enverrai sur vous ce que mon Père a promis; mais vous, restez dans la ville jusqu'à ce que vous soyez revêtus de la puissance d'en haut.»

Ouvre l'esprit de tes disciples Seigneur Jésus afin qu'ils puissent comprendre les Écritures Saintes et vivre sur cette terre comme des vrais membres de ton corps, alliés au Père céleste par le sang de la nouvelle alliance.

**La septième dynamique de la nouvelle alliance de Dieu est notre nouvelle identité en Christ.** Nous sommes des nouvelles créatures, par conséquent notre ancienne nature est morte au Calvaire. Nous ne vivons plus selon la chair. Mais nous vivons selon l'Esprit. Si nous continuer à vivre dans le péché et les ténèbres, nous ne sommes pas nés de nouveau. Nous devons nous confier totalement au Messie et offrir tout notre corps à Dieu comme un sacrifice vivant pour que nous soyons lavés, purifiés, sanctifiés par son sang, et transformés par le renouvellement de l'intelligence afin que nous puissions connaître ce qui est bon, agréable et parfait.

Voici quelques versets concernant notre nouvelle identité. Nous vous prions de lire ces versets, puis de les relire, de les méditer, de les mémoriser, de les digérer jusqu'à ce qu'ils vont transformer votre vie. Prenez le temps de vous présenter tel que vous êtes devant le trône de la grâce en Jésus le Messie. Décidez-vous de changer de vie, de quitter votre zone de confort, de rompre avec votre routine religieuse pour entre en alliance avec Dieu en Jésus-Christ et faire partie de son sacerdoce royal.

2 Corinthiens 5:17 «**Si quelqu'un est en Christ, il est une nouvelle créature.** Les choses anciennes sont passées; voici, toutes choses sont devenues nouvelles.»

Jean 3:3 «Jésus lui répondit: En vérité, en vérité, je te le dis, **si un homme ne naît de nouveau, il ne peut voir le royaume de Dieu.**»

Jean 3:6-7 «Ce qui est né de la chair est chair, et ce qui est né de l'Esprit est esprit. Ne t'étonne pas que je t'aie dit: **Il faut que vous naissiez de nouveau.**»

Ézékiel 11:19 «Je leur donnerai un même cœur, **Et je mettrai en vous un esprit nouveau; J'ôterai de leur corps le cœur de pierre, Et je leur donnerai un cœur de chair**, ...»

Romains 12:1-2 «Je vous exhorte donc, frères, par les compassions de Dieu, à **offrir vos corps comme un sacrifice vivant, saint, agréable à Dieu, ce qui sera de votre part un culte raisonnable.** Ne vous conformez pas au siècle présent, mais soyez transformés par le renouvellement de l'intelligence, afin que vous discerniez quelle est la volonté de Dieu, ce qui est bon, agréable et parfait.»

Apocalypse 7:14-17 «Je lui dis: Mon seigneur, tu le sais. Et il me dit: Ce sont ceux qui viennent de la grande tribulation; **ils ont lavé leurs robes, et ils les ont blanchies dans le sang de l'agneau**. C'est pour cela qu'ils sont devant le trône de Dieu, et le servent jour et nuit dans son temple. Celui qui est assis sur le trône dressera sa tente sur eux; ils n'auront plus faim, ils n'auront plus soif, et le soleil ne les frappera point, ni aucune chaleur. Car l'agneau qui est au milieu du trône les paîtra et les conduira aux sources des eaux de la vie, et Dieu essuiera toute larme de leurs yeux.»

Apocalypse 22:14 «**Heureux ceux qui lavent leurs robes**, afin d'avoir droit à l'arbre de vie, et d'entrer par les portes dans la ville!»

Hébreux 9:13-14 «Car si le sang des taureaux et des boucs, et la cendre d'une vache, répandue sur ceux qui sont souillés, sanctifient et procurent la pureté de la chair, **combien plus le sang de Christ, qui, par un esprit éternel, s'est offert lui-même sans tache à Dieu, purifiera-t-il votre conscience des œuvres mortes, afin que vous serviez le Dieu vivant!**»

1 Pierre 1:17-25 «Et si vous invoquez comme Père celui qui juge selon l'œuvre de chacun, sans acception de personnes, conduisez-vous avec crainte pendant le temps de votre pèlerinage, **sachant que ce n'est pas par des choses périssables, par de l'argent ou de l'or, que vous avez été rachetés de la vaine manière de vivre que vous aviez héritée de vos pères, mais par le sang précieux de Christ, comme d'un agneau sans défaut et sans tache**, «prédestiné avant la fondation du monde, et manifesté à la fin des temps, à cause de vous, qui par lui croyez en Dieu, lequel l'a ressuscité des morts et lui a donné la gloire, en sorte que votre foi et votre espérance reposent sur Dieu. **Ayant purifié vos âmes en obéissant à la vérité pour avoir un amour fraternel sincère, aimez-vous ardemment les uns les autres, de tout votre cœur, puisque vous avez été régénérés, non par une semence corruptible, mais par une semence incorruptible, par la parole vivante et permanente de Dieu**. Car Toute chair est comme l'herbe, et toute sa gloire comme la fleur de l'herbe. L'herbe sèche, et la fleur tombe; mais la parole du Seigneur demeure éternellement. Et cette parole est celle qui vous a été annoncée par l'Évangile.»

2 Corinthiens 3:17 « Or, le Seigneur c'est l'Esprit; et là où est l'Esprit du Seigneur, là est la liberté.»

Galates 5:16-22 «Je dis donc: Marchez selon l'Esprit, et vous n'accomplirez pas les désirs de la chair. Car la chair a des désirs contraires à ceux de l'Esprit, et l'Esprit en a de contraires à ceux de la chair; ils sont opposés entre eux, afin que vous ne fassiez point ce que vous voudriez. Si vous êtes conduits par l'Esprit, vous n'êtes point sous la loi. Or, les œuvres de la chair sont manifestes, ce sont l'impudicité, l'impureté, la dissolution, l'idolâtrie, la magie, les inimitiés, les querelles, les jalousies, les animosités, les disputes, les divisions, les sectes, l'envie, l'ivrognerie, les excès de table, et les choses semblables. Je vous dis d'avance, comme je l'ai déjà dit, que ceux qui commettent de telles choses n'hériteront point le royaume de Dieu. Mais le fruit de l'Esprit, c'est l'amour, la joie, la paix, la patience, la bonté, la bénignité, la fidélité, la douceur, la tempérance;«la loi n'est pas contre ces choses. Ceux qui sont à Jésus-Christ ont crucifié la chair avec ses passions et ses désirs. Si nous vivons par l'Esprit, marchons aussi selon l'Esprit.»

Tous ces versets bibliques trouvent leur application dans une vie ayant expérimenté la mort sur le croix de Jésus le Messie. Telle est la signification profonde de ces paroles de Paul que nous lisons dans Galates 2:20 «J'ai été crucifié avec Christ; et si je vis, ce n'est plus moi qui vis, c'est Christ qui vit en moi; si je vis maintenant dans la chair, je vis dans la foi au Fils de Dieu, qui m'a aimé et qui s'est livré lui-même pour moi.»

Suis-je réellement crucifié avec Christ? Ai-je mangé sa chair et bu son sang comme il l'a lui même exigé à tous ses vrais disciples? Suis-je membre du corps du Christ appartement totalement à la famille de la nouvelle alliance de Dieu? Que faire Seigneur Jésus pour être comme toi et vivre en lumière de Dieu et en sel de la terre ici sur la terre?

Pour répondre à ces questions sincèrement, chacun de nous doit commencer par évaluer sa relation avec le Père en Jésus-Christ. Toute la Bible est centrée sur l'établissement d'une relation intime entre Dieu et les êtres humains. Le Dieu de l'Alliance s'approche des humains créés à son image et à sa ressemblance pour établir une communion afin de leur donner sa vie, la vie éternelle.

# VI. LE DIEU DE L'ALLIANCE ET DU TESTAMENT DU MESSIE

1. LE DIEU DE L'ALLIANCE
2. LE TESTAMENT DU MESSIE

# 1. LE DIEU DE L'ALLIANCE

Le Dieu de la Bible, le Créateur des cieux et de la terre, est le Dieu de l'alliance. Son alliance avec nous n'est pas un pacte d'un roi qui est plus fort avec des gens qui sont faibles. Elle n'est pas non plus un contrat de paix entre deux ennemis qui se haïssent et se méfient l'un de l'autre. Elle n'est pas une entente temporaire entre deux ou plusieurs partenaires ayant des objectifs communs qu'ils veulent atteindre durant une période bien définie et dans un espace déterminé. L'Alliance de Dieu avec nous est une union éternelle entre le Créateur et ses créatures, une communion totale et parfaite avec nous, une restauration de sa relation intime brisée par le péché au jardin d'Eden.

L'alliance de Dieu avec l'humanité commence en Eden quand Elohim déclarant au serpent ancien après avoir écouté attentivement le rapport de la femme concernant la tentation : Genèse 3:14-15 « **Puisque tu as fait cela, tu seras maudit entre tout le bétail et entre tous les animaux des champs, tu marcheras sur ton ventre, et tu mangeras de la poussière tous les jours de ta vie. Je mettrai inimitié entre toi et la femme, entre ta postérité et sa postérité: celle-ci t'écrasera la tête, et tu lui blesseras le talon.** » Quelle est la postérité de la femme qui est en guerre contre la postérité du serpent? N'est-ce pas cette postérité avec laquelle Dieu établit son alliance de sang pour l'éternité?

Une étude sérieuse de la Bible d'Israël, le TANAK, appelée ancien testament par rapport au nouveau testament en Christ, nous dévoile la postérité de la femme choisie par Dieu pour déployer son alliance dans toute la création. Trois personnages de l'ancien testament sont à la fois porteurs de cette alliance et du testament de Dieu: Noé, Abraham, Moïse et David.

**Noé est porteur de l'alliance de Dieu avec tous les êtres vivants, voire avec toute la création**. L'alliance de Dieu avec Noé et toute sa descendance est une alliance éternelle avec un testament dont le signe est encore aujourd'hui visible dans la nue: l'arc en ciel. Un descendant de Noé transmit cette alliance à toute sa descendance jusqu'au Messie du monde. Il s'agit de Seth de la lignée de qui naquit Abraham.

**Abraham et son épouse Sara sont porteurs de l'alliance dont le testament pointe vers le Messie qui sera appelé Fils d'Abraham**. Avec Abraham l'alliance de Dieu passe **du cosmos au corps humain**. Le père Abraham reçut la circoncision comme signe de l'alliance de Dieu. Le Dieu de l'Alliance marqua ainsi le corps de tous les mâles élus avant la fondation du monde pour former sa nouvelle race, le peuple de Dieu, l'armée de l'Éternel. Selon Galates 3:17, les promesses de cette alliance ont été faites à Abraham et à sa postérité et non à ses postérités. Et sa postérité c'est le Messie, Christ, le seul OINT de Dieu pour accomplir pleinement son alliance avec nous.

D'Abraham naquirent plusieurs enfants de ses nombreuses femmes dont un seul de la femme légitime, Isaac le fils de la promesse. C'est avec lui que Dieu fit et poursuivi son alliance éternelle. Car **de la descendance d'Abraham Dieu bénit toutes les familles de la terre**. L'Alliance abrahamique implique ainsi un héritage universel. C'est tout un testament que beaucoup de familles de la terre ignorent jusqu'aujourd'hui. Et pourtant cette promesse est attestée dans l'ancien et le nouveau testaments. Reproduisons ici les textes bibliques contenant cette déclaration solennelle: **Toutes les familles de la terre, toutes les nations de la terre, toutes seront bénies en toi!**

Genèse 12:2-3 « Je ferai de toi une grande nation, et je te bénirai; je rendrai ton nom grand, et tu seras une source de bénédiction. Je bénirai ceux qui te béniront, et je maudirai ceux qui te maudiront; **et toutes les familles de la terre seront bénies en toi**. »

Genèse 22:14-18 Abraham donna à ce lieu le nom de Jehova Jiré. C'est pourquoi l'on dit aujourd'hui: A la montagne de l'Éternel il sera pourvu. L'ange de l'Éternel appela une seconde fois Abraham des cieux,
et dit: Je le jure par moi-même, parole de l'Éternel! parce que tu as fais cela, et que tu n'as pas refusé ton fils, ton unique, je te bénirai et je multiplierai ta postérité, comme les étoiles du ciel et comme le sable qui est sur le bord de la mer; et ta postérité possédera la porte de ses ennemis. **Toutes les nations de la terre seront bénies en ta postérité, parce que tu as obéi à ma voix.** »

Genèse 26:4-5 « Je multiplierai ta postérité comme les étoiles du ciel; je donnerai à ta postérité toutes ces contrées; et **toutes les nations de la terre seront bénies en ta postérité**, parce qu'Abraham a obéi à ma voix, et qu'il a observé mes ordres, mes commandements, mes statuts et mes lois. »

Genèse 28:14 « Ta postérité sera comme la poussière de la terre; tu t'étendras à l'occident et à l'orient, au septentrion et au midi; et **toutes les familles de la terre seront bénies en toi et en ta postérité.** »

La même promesse de Dieu donnée à Abraham, Isaac et Jacob fut transmise à toutes les douze tribus d'Israël dont l'une sera la porteuse de la semence de la femme, Juda. Avant d'expirer en Égypte, Jacob transmis à travers une métaphore prophétique, un langage codé, la promesse messianique. Cette promesse est le contenu principal du testament de l'alliance de Dieu avec Israël et tous ses élus. Voici le testament prophétique de Jacob à Juda: Genèse 49:8-12 « Juda, tu recevras les hommages de tes frères; Ta main sera sur la nuque de tes ennemis. Les fils de ton père se prosterneront devant toi. Juda est un jeune lion. Tu reviens du carnage, mon fils! Il ploie les genoux, il se couche comme un lion, Comme une lionne: qui le fera lever? **Le sceptre ne s'éloignera point de Juda, Ni le bâton souverain d'entre ses pieds, Jusqu'à ce que vienne le Schilo, Et que les peuples lui obéissent**. Il attache à la vigne son âne, Et au meilleur cep le petit de son ânesse; Il lave dans le vin son vêtement, Et dans le sang des raisins son manteau. Il a les yeux rouges de vin, Et les dents blanches de lait. »

Lisez et étudiez sérieusement cette prophétie, car elle contient la promesse de celui qui vint établir l'alliance éternelle, la nouvelle alliance de Dieu avec toute l'humanité par son propre sang. Mais avant sa manifestation historique, il eut l'alliance de la sainte montagne de Sinaï avec Moïse et toutes les douze tribus d'Israël. Moïse proclama solennellement cette alliance en aspergeant le sang des sacrifices sur le peuple de Dieu. Le sang était le signe de cette alliance et les dix paroles écrites sur les deux tables de pierre devaient servir de lumière pour conduire les enfants d'Israël dans la voie de l'Éternel. Le décalogue deviendra la base de la plupart de nos constitutions et de nos lois sur la terre. Écoutons les paroles de Moïse quand il déclara l'établissement de l'alliance de l'Éternel avec Israël à Sinaï: Exode 24:8 « **Moïse prit le sang, et il le répandit sur le peuple, en disant: Voici le sang de l'alliance que l'Éternel a faite avec vous selon toutes ces paroles.** » Voici le sang de l'alliance que l'Éternel a faite avec vous selon toutes ces paroles inspirées, les paroles venant de Dieu, les paroles données à travers le feu de Dieu, son Esprit-Saint. Le sang était le moyen par lequel Israël pouvait s'approcher de Dieu et s'unir avec lui. Mais ce sang des animaux purs ne pouvait justifier et sanctifier parfaitement le peuple de Dieu. D'où l'importance de la promesse du Messie, de l'Agneau de Dieu, qui devait venir donner son propre sang sur cette terre pour le salut, la justification et la sanctification d'israël et de toute l'humanité.

Rappelons-nous que le Messie devait naître de la la tribu de Juda. Et dans la tribu de Juda, Dieu choisit la lignée royale de David parce que selon le plan divin le Messie sera le Roi d'Israël, de toutes les nations de la terre et de tout l'univers. C'est le Schilo! David fut le deuxième roi d'Israël. Il était à la fois un prophète, un roi et un grand adorateur de Yahvé. L'Esprit du Seigneur Dieu lui donna de composer beaucoup de psaumes messianiques. Certains extraits de ces psaumes pointent vers le sacrifice ultime de l'Agneau de Dieu: Psaumes 40:3, 7-10

Psaumes 2:1-2 « **Pourquoi ce tumulte parmi les nations, Ces vaines pensées parmi les peuples? Pourquoi les rois de la terre se soulèvent-ils Et les princes se liguent-ils avec eux contre l'Éternel et contre son oint?** »
Psaumes 2:6-9 « **C'est moi qui ai oint mon roi sur Sion, ma montagne sainte! Je publierai le décret; L'Éternel m'a dit: Tu es mon fils! Je t'ai engendré aujourd'hui. Demande-moi et je te donnerai les nations pour héritage, Les extrémités de la terre pour possession; Tu les briseras avec une verge de fer, Tu les briseras comme le vase d'un potier**. »

Psaumes 22:2 « **Mon Dieu! mon Dieu! pourquoi m'as-tu abandonné, Et t'éloignes-tu sans me secourir, sans écouter mes plaintes?** »

Psaumes 31:6 « **Je remets mon esprit entre tes mains; Tu me délivreras, Éternel, Dieu de vérité!** »

Psaumes 40:7-9 « **Tu ne désires ni sacrifice ni offrande, Tu m'as ouvert les oreilles; Tu ne demandes ni holocauste ni victime expiatoire. Alors je dis: Voici, je viens Avec le rouleau du livre écrit pour moi. Je veux faire ta volonté, mon Dieu! Et ta loi est au fond de mon coeur.** »

Ce n'est pas par hasard que Jésus est appelé dans la la Bible Fils de David. Le roi d'Israël animé par son Esprit prophétisa sur son avénement et son sacrifice expiatoire. Animé par le zèle de l'Éternel, il voulut bâtir une maison de l'Éternel dans la cité de David. Mais Dieu l'arrêta et lui promit son règne éternel, le trône du roi messianique et une dynastie glorieuse.

Quand le Fils de Dieu vint au monde, il naquit dans la simplicité et se donna totalement comme victime expiatoire au Calvaire après trente-trois ans de vie sur terre et trois années de ministère puissant de délivrance. La veille de sa mort, alors qu'il partageait le repas pascal avec ses disciples dans la chambre haute, il dévoila l'objectif de sa mission sur cette terre par les paroles de consécration du pain et de la coupe: « Prenez et mangez, ceci est mon corps. Prenez et buvez, ceci est mon sang. Le sang de la nouvelle alliance en mon sang, qui est répandu pour vous. » Fils de Dieu, Fils de l'homme, l'Agneau immolé scella définitivement l'alliance de Dieu pour nous tous. Le Dieu de l'alliance scella tous ses élus par le Saint-Esprit pour le jour de la rédemption. L'alliance de l'arc dans la nue, l'alliance de la circoncision, l'alliance de sang des animaux, l'alliance de la royauté éternelle furent pleinement accomplies par le sang de l'aspersion. Le Fils de Dieu nous laissa un grand testament avec la nouvelle alliance. Nous concluons notre étude par les données principales de ce testament qui nous révèle le Dieu de l'alliance, toujours à la recherche de l'homme et de la femme créés à son image et à sa ressemblance, le Dieu qui nous appelle auprès de lui pour nous donne la vie éternelle.

## 2. LE TESTAMENT DE JÉSUS LE MESSIE

L'Agneau immolé laissa un grand testament pour le peuple de Dieu, la nation sainte, la race élu, le royaume des sacrificateurs de son Père. C'est le testament de la nouvelle alliance en son sang précieux. Ce testament est valable parce que la mort du testateur fut constatée historiquement. Nous retrouvons les éléments de ce grand testament dans différents discours du Messie, surtout dans ses paroles vivantes prononcées dans la chambre haute et sur le mont des Oliviers. C'est le testament pour les nouveaux cieux et la nouvelle terre, le testament destiné à toutes les nouvelles personnes, les nouvelles créatures engendrées par l'Esprit de Dieu en Christ, le Messie d'Israël et du monde. Les révélations principales de ce testament sont disponibles dans Jean 14 à 17, dans Matthieu 24 et 25; 28:19-20, Marc 13;16, Luc 21:3-36; 24; Actes 1. Ce testament donne à la nouvelle alliance un cachet spécial, une dimension messianique.

Sept éléments de ce testament retiennent notre attention:

(1) La promesse de la résurrection du Messie après sa mort expiatoire. La résurrection du Messie assure notre propre résurrection et notre victoire finale sur la mort (1 Corinthiens 15:3-11, 20-32, 35-50, 51-57). Jésus insista sur la promesse de sa mort expiatoire et de sa résurrection avant et après sa mort. Toutes les Écritures Saintes publiées avant Jésus-Christ parlent de cette promesse de sa mort et sa résurrection. Matthieu 16:21-23; Luc 24:27

(2) La promesse de venir un jour nous chercher pour aller demeurer avec lui dans la maison du Père où il nous prépare des merveilleuses places. Cette promesse fait partie du testament de Jésus avant sa mort expiatoire. Jean 14:1-3; Actes 1:9-11

(3) La promesse de l'édification de son Église, sa maison spirituelle, son sacerdoce royal se trouve clairement donnée dans Matthieu 16:17-19. L'Église de Jésus-Christ n'est pas une invention humaine et ne se confond pas à toutes nos dénominations que nous nous sommes données. L'Église du Seigneur Jésus c'est son corps, le corps du Christ. Aucune puissance maléfique ne pourra la détruire. Il subsistera jusqu'à la fin des temps et vaincra toutes les forces du séjour des morts.

(4) La promesse du Saint-Esprit, le Consolateur. La promesse de la venue du Saint-Esprit dans ses disciples est un point très important de son testament. Car les rachetés de l'Éternel, tous ceux qui sont lavés par le sang de l'Agneau sont baptisés du Saint-Esprit et de feu. Ils ne peuvent vivre sur cette terre et marche avec le Seigneur sans son Esprit, le Consolateur, l'Esprit de vérité et de lumière, l'Esprit du Père, l'Esprit du Fils, Dieu le Saint-Esprit. C'est lui qui enseigne aux fils et aux filles de Dieu les révélations de Jésus le Messie. C'est lui qui nous conduit dans la vérité. C'est lui qui nous donne la force de combattre victorieusement toutes les puissances maléfiques. C'est lui qui nous donne la foi pour prier efficacement et témoigner courageusement de tout ce que Dieu a fait en Christ pour l'humanité. Peuple de l'alliance, prenez le temps de méditer ces quelques versets bibliques sur la promesse du Saint-Esprit et soyez remplis de l'Esprit de Dieu pendant votre méditation. Car la nouvelle alliance vous donne le privilège d'être remplis du Saint-Esprit pour adorer le Père en esprit et en vérité. Jean 7:37-39; 14:15-18, 26; 15:26-27; 16:7-15; Luc 24:49; Actes 1:8

(5) La promesse de sa venue dans la gloire et de la fin de ce monde pollué et corrompue. Cette grande promesse fut aussi donnée avant sa mort sur la croix maudite au Calvaire. Lisez et relisez Matthieu 24:14 « Cette bonne nouvelle du royaume sera prêchée dans le monde entier, pour servir de témoignage à toutes les nations. Alors viendra la fin. » Mais comment sera la fin de ce monde? Matthieu 24:29-33 répond clairement à cette question, sans donner le jour, la date ou l'heure. Voici comment le Roi de gloire viendra dans son règne: « **Aussitôt après ces jours de détresse, le soleil s'obscurcira, la lune ne donnera plus sa lumière, les étoiles tomberont du ciel, et les puissances des cieux seront ébranlées. Alors le signe du Fils de l'homme paraîtra dans le ciel, toutes les tribus de la terre se lamenteront, et elles verront le Fils de l'homme venant sur les nuées du ciel avec puissance et une grande gloire**. Il enverra ses anges avec la trompette retentissante, et ils rassembleront ses élus des quatre vents, depuis une extrémité des cieux jusqu'à l'autre. Instruisez-vous par une comparaison tirée du figuier. Dès que ses branches deviennent tendres, et que les feuilles poussent, vous connaissez que l'été est proche. De même, quand vous verrez toutes ces choses, sachez que le Fils de l'homme est proche, à la porte. » La venue de Jésus dans sa gloire fait partie du testament de la nouvelle alliance dans son sang. Dieu a fait son alliance avec nous afin que nous vivions éternellement avec lui dans son royaume. Bientôt le Seigneur Jésus vient établir son règne dans tout l'univers. Toutes les nations le verront. Matthieu 25:31-34 « Lorsque le Fils de l'homme viendra dans sa gloire, avec tous les anges, il s'assiéra sur le trône de sa gloire. Toutes les nations seront assemblées devant lui. Il séparera les uns d'avec les autres, comme le berger sépare les brebis d'avec les

boucs; et il mettra les brebis à sa droite, et les boucs à sa gauche. Alors le roi dira à ceux qui seront à sa droite: Venez, vous qui êtes bénis de mon Père; prenez possession du royaume qui vous a été préparé dès la fondation du monde. »

(6) L'assurance de son omniprésence avec nous jusqu'à la fin du monde. Avant de quitter ses disciples, Jésus leur a donné une assurance qui reste valable pour tous ceux qui font partie de la nouvelle alliance de Dieu par son sang. Cette assurance fut donnée avec son ordre de mission: Matthieu 28:19-20 « Jésus, s'étant approché, leur parla ainsi: Tout pouvoir m'a été donné dans le ciel et sur la terre. Allez, faites de toutes les nations des disciples, les baptisant au nom du Père, du Fils et du Saint Esprit, et enseignez-leur à observer tout ce que je vous ai prescrit. **Et voici, je suis avec vous tous les jours, jusqu'à la fin du monde.** » Le Seigneur Jésus est encore et toujours avec nous sur cette terre. Il vit en nous et avec nous. Il nous soutient chaque jour et nous conduit dans sa lumière. Il nous protège, nous garde et nous console dans les temps de détresse. Quel bonheur de marche et de vivre avec le Bon Berger!

(7) Les septième promesse que nous retenons du testament de Jésus fut donné juste avant son retour auprès du Père, c'est la promesse des signes qui accompagneront ceux qui croiront en lui. Marc 16:15-18 « Enfin, il apparut aux onze, pendant qu'ils étaient à table; et il leur reprocha leur incrédulité et la dureté de leur coeur, parce qu'ils n'avaient pas cru ceux qui l'avaient vu ressuscité. Puis il leur dit: Allez par tout le monde, et prêchez la bonne nouvelle à toute la création. Celui qui croira et qui sera baptisé sera sauvé, mais celui qui ne croira pas sera condamné. **Voici les signes qui accompagneront ceux qui auront cru: en mon nom, ils chasseront les démons; ils parleront de nouvelles langues; ils saisiront des serpents; s'ils boivent quelque breuvage mortel, il ne leur feront point de mal; ils imposeront les mains aux malades, et les malades, seront guéris.** »

Le Ressuscité apparut aux onze comme un vrai Souverain Sacrificateur Éternel, après avoir offert sa propre chair et son propre sang à son Père pour notre salut. Les onze les virent vivant pour toujours. Ils partagèrent avec lui sa table. Pendant qu'ils mangeaient avec lui, le Ressuscité du troisième jour les délivra de leur incrédulité, ôta leurs coeurs de pierre et leur donna des coeurs doux et humbles, capables de recevoir les révélations de son Esprit. Alors ils commencèrent à croire en lui et la parole de la foi fut gravée en eux. Ils étaient prêts à aller par tout le monde prêcher la bonne nouvelle du salut par la croix de Jésus, du salut par la mort et la résurrection de Jésus, du salut par le sang de l'aspersion, le sang de la nouvelle alliance. Le Seigneur leur ordonnant d'aller par tout le monde. Le temps du plein accomplissement de l'alliance de l'arc dans la nuée avec Noé et toutes les créatures vivantes, le temps de réalisation totale de l'alliance de la circoncision pour toute la descendance d'Abraham, la postérité de la femme, le temps de l'exécution de toutes les promesses attachées à l'alliance du mont Sinaï avec Moïse et le peuple d'Israël, le temps du couronnement du roi messianique était venu. Nous vivons dans ce temps.

Les onze mobilisèrent tous les disciples de Jésus pour saturer le monde entier de la bonne nouvelle du royaume. Ils furent bien équipés spirituellement. Des signes et des prodiges accompagnés leurs témoignages. Car ils opèrent selon l'alliance messianique, l'alliance éternelle. Le Dieu de l'alliance agissait puissamment par leurs témoignages et leurs prières. Le Dieu de l'Alliance était continuellement avec eux. Il est aussi avec nous aujourd'hui. Car nous sommes ses fils et ses filles avec qui l'Agneau immolé, Fils de Dieu, Fils de l'homme, fit une alliance éternelle par son sang. Le Dieu de l'alliance est notre Dieu. Il est notre Père Tout-Puissant, plein d'amour pour nous. Il garde son alliance avec nous pour toujours.

Jean 3:16 « **Car Dieu a tant aimé le monde qu'il a donné son Fils unique, afin que quiconque croit en lui ne périsse point, mais qu'il ait la vie éternelle.** »

***

## RÉFLEXION ET MÉDITATION SUR LES CINQ ALLIANCES DIVINES

La lecture de ce livre consacré au survol des cinq alliances contractées par le Dieu de l'alliance, dont les élus sont scellés par le Saint-Esprit pour le grand jour de la manifestation glorieuse du Roi des rois, cette lecture, dis-je, serait incomplète et superficielle si le lecteur ne comprend pas la signification de chacune de ces alliances à travers le sang de l'Agneau de Dieu qui ôte le péché du monde.

Prenez le temps de lire et relire les révélations bibliques concernant l'alliance de l'arc dans la nue avec Noé, sa famille et tous les êtres vivants. Réfléchissez sur la signification de chaque phénomène entourant cette première alliance formelle et matérielle de Dieu - Genèse 6 à 9: la situation spirituelle du monde au temps de Noé, l'arche construite par Noé, le déluge, la mort de tous les êtres humains décimés par le déluge, les sacrifices que Noé présentés à Dieu après la sortie de l'arche, les paroles de bénédiction et de l'alliance de Dieu, le signe de l'arc dans la nue, l'engagement solennel de Dieu de ne plus détruire la terre par le déluge. Pendant votre méditation, posez-vous la question de savoir ce que signifient l'arche de Noé et l'arc dans la nue pour vous aujourd'hui.

Puis passez aux chapitres 15 et 17 de Genèse pour méditer sur l'alliance de Dieu avec Abraham. Que signifie la promesse de l'Éternel à Abraham? Que signifie pour vous aujourd'hui la circoncision de tous les mâles descendant d'Abraham le huitième jour? Que signifie la postérité d'Abraham pour vous aujourd'hui?

Ne vous arrêtez pas à l'alliance de Dieu avec Abraham. Lisez et méditez Exode 12 à 24, voir tout le livre d'Exode. Concentrez-vous sur le chapitre 24 pour apprendre pourquoi et comment Moïse devait monter dans la présence de Dieu? Que reçut-il au sommet de la montagne? Pourquoi fit-il les sacrifices de sang sur un autel? Pourquoi aspergeât-il le sang sur le peuple de Dieu? Que dit-il en aspergeant le sang sur tous les enfants d'Israël? Que signifient l'aspersion de ce sang aujourd'hui pour Israël et pour vous?

Quittez la montagne de Sinaï et allez rejoindre David pendant la montée de l'arche de Dieu dans la nouvelle cité de David (2 Samuel 6)? Que signifie l'entrée de l'arche de l'alliance dans la capitale du peuple élu? Que signifie la tente de David pour vous aujourd'hui? Que fit David quand la tente fut placée dans sa tente? Que faisaient les chantres Lévites devant l'arche de Dieu? Que voulut faire David pour honorer et glorifier le Dieu d'ISraël (2 Samuel 7)? Pourquoi Dieu l'empêcha-t-il de réaliser son grand projet? Que lui promit Dieu à la place de son projet? Que signifie le tabernacle de David pour vous aujourd'hui? Qui viendra restaurer ce tabernacle sur cette terre (Aces 15:16-18; Amos 9:11-12)?

La dernière question que nous venons de nous poser nous conduit vers le Messie, le Fils de Dieu qui vint dans le monde pour sauver les pécheurs dont je suis le premier. Pourquoi est-il l'accomplissement de toutes les alliances de Dieu avec Israël et toute l'humanité? Quand et comment accomplit-il pleinement l'alliance de Dieu avec nous? Pourquoi et comment est-il à la fois Souverain Sacrificateur Suprême et Sacrifice parfait? Pourquoi et comment le Père de notre Seigneur Jésus-Christ est-il le Dieu de l'alliance?

Répondez à toutes les questions que nous venons de soulever pour mieux comprendre la signification profonde de l'alliance de Dieu par le sang de l'aspersion et approfondir connaissance spirituelle de Dieu le Père et de son Fils bien-aimé, Fils de Dieu et Fils de l'homme.

Jean 17:3 «**Or, la vie éternelle, c'est qu'ils te connaissent, toi, le seul vrai Dieu, et celui que tu as envoyé, Jésus-Christ.**»

Connaître le Dieu Créateur du ciel et de la terre, c'est le rencontrer dans son alliance établie avec nous par le sang de Jésus-Christ. Il est le Dieu de l'alliance qui, dans son amour, nous appelle à vivre avec lui dans sa gloire.

## Bibiographie sommaire


1. Berger, Ruben (2017). **Un peuple du royaume qui vit dans la réalité de l'alliance**. Éditeur: Emmeth. Belgique.
2. Caquot, André (1961). **Remarques sur l'Alliance Davidique**. École Pratique des Hautes Études, Section des sciences religieuses. Paris. www.persee.fré
3. Deddo, D. Gary (2017). **L'alliance, la loi et la fidélité de Dieu**. Publié par GCI Weekly update, Church development.
4. Johnstone, Steven (2016). **Preaching the Gospel in the Ligth of the Covenants.** Master of Theology Thesis, Charlotte, North Caroline Reformed Theological Seminary.
5. Gentry, Peter J. & Wellum, J. Stephen (2015). **God's Kingdom trough God's Covenants.** A concise biblical theology. Crossway, Weaton, Illinois.
6. Kenyon, E.W. (1969). **The Blood Covenant**. Twenty-third edition. Kenyon's Gospel Publishing Society.
7. Sumrall, Lester (2017). **The Convenants of God**. Le SEA Publishing, South Bend, IN46614.
8. Trumbull, H. Clay (1898). **The Blood Convenant. A primitive rite and its bearings on scripture**. Third edition. John D. Wattles & Co., Philadelphia.
9. Whitcomb, John C., Morris, Henry M. (1961). **The Genesis Flood: The Biblical Record and its Scientific Implications.** Baker Book House, Grand Rapidsm Michigan.
10. Witsius, Herman (1837). **The Economy of the Covenants between God and Man.** Comprehending a complete body of divinity. T.Tegg & Son, London.


## TABLE DES MATIÈRES

Printed by Books on Demand GmbH, Norderstedt / Germany